戦後七十年
壮絶なる戦いの真実

沖縄戦の司令官

牛島満《みつる》中将の霊言

大川隆法
Ryuho Okawa

まえがき

戦後七十年の節目を迎え、この八月十五日に向けて、さまざまな言論が交《か》わされることになるだろう。

本書に先んじて、『パラオ諸島ペリリュー島守備隊長　中川州男《くにお》大佐の霊言』を世に送ったが、かなりの反響があった。中川大佐の霊言を読んでも、本書で牛島中将の霊言を読んでも、日本軍人は精神性の高い、本当に立派な人たちだったのだなと思われる。後世に生きる私たちとしては、先祖を誇りに思う気持ちを忘れてはなるまい。

現在の沖縄県知事に対しても、「奴隷《どれい》の平和」を求めないよう強く訴えたい。

米国は、朝鮮戦争が始まった時点で、日本が祖国防衛戦をやっていたことや、日本が唱《とな》えていた反共《はんきょう》の戦いが正しかったことを理解していたのだ。今から六十五年も前のことだ。

今の日本人に必要なことは、「勇気」と「正義」をもって、「平和の実現」を目指すことだ。責任のがればかり考えることは、「恥《はじ》」以外の何ものでもなかろう。

二〇一五年　四月十二日

幸福《こうふく》の科学《かがく》グループ創始者兼総裁《そうししゃけんそうさい》　大川隆法《おおかわりゅうほう》

沖縄戦の司令官・牛島満中将の霊言　目次

まえがき　3

沖縄戦《おきなわせん》の司令官・牛島満中将《うしじまみつるちゅうじょう》の霊言《れいげん》

――戦後七十年 壮絶《そうぜつ》なる戦いの真実――

二〇一五年四月十日　収録

東京都・幸福の科学 教祖殿《きょうそでん》 大悟館《たいごかん》にて

「霊言現象《れいげんげんしょう》」とは、あの世の霊存在の言葉を語り下ろす現象のことをいう。これは高度な悟《さと》りを開いた者に特有のものであり、「霊媒現象《れいばいげんしょう》」（トランス状態になって意識を失い、霊が一方的にしゃべる現象）とは異なる。

なお、「霊言」は、あくまでも霊人の意見であり、幸福の科学グループとしての見解と矛盾《むじゅん》する内容を含《ふく》む場合がある点、付記しておきたい。

沖《おき》縄《なわ》戦《せん》の司令官・牛《うし》島《じま》満《みつる》中《ちゅう》将《じょう》の霊《れい》言《げん》

――戦後七十年 壮《そう》絶《ぜつ》なる戦いの真実――

二〇一五年四月十日 収録

東京都・幸福の科学 教《きょう》祖《そ》殿《でん》 大《たい》悟《ご》館《かん》にて

牛島満《うしじまみつる》（一八八七〜一九四五）

帝国《ていこく》軍人。鹿児島《かごしま》県出身。最終階級は陸軍大将。陸軍地方幼年学校、陸軍士官学校、陸軍大学校を卒業し、シベリア出兵をはじめ、支那《しな》事変、南京攻略戦《ナンキンこうりゃくせん》等で活躍《かつやく》。「日本に牛島旅団あり」と呼ばれた。また、陸軍戸山《とやま》学校教育部長および校長、陸軍士官学校校長を務めるなど、優《すぐ》れた教育者としても有名。一九四四年、陸軍第三十二軍司令官に就任。翌四五年の春、沖縄戦《おきなわせん》を指揮するも、圧倒《あっとう》的な物量を投下して攻《せ》める米軍に苦戦を強《し》いられ、二カ月半の抗戦《こうせん》の後《のち》、六月二十三日、摩文仁《まぶに》の丘で自決した。

質問者　里村英一《さとむらえいいち》（幸福の科学専務理事〔広報・マーケティング企画《きかく》担当〕）

綾織次郎《あやおりじろう》（幸福の科学上級理事 兼《けん》「ザ・リバティ」編集長）

酒井太守《さかいたいしゅ》（幸福の科学宗務《しゅうむ》本部担当理事長特別補佐《ほさ》）

［質問順。役職は収録時点のもの］

1 沖縄戦《おきなわせん》の司令官・牛島満《うしじまみつる》中将の本心を訊《き》く

第二次大戦で米軍に大きな被害《ひがい》をもたらした三つの戦い

大川隆法　今日は、第二次大戦時に、沖縄戦《おきなわせん》における最後の司令官になられた牛島《うしじま》満《みつる》中将の霊言《れいげん》を賜《たまわ》りたいと考えています。

実は、直近の四月七日に、「沖縄の論理は正しいのか？――翁長《おなが》知事へのスピリチュアル・インタビュー――」と題して沖縄県知事の守護霊《しゅごれい》霊言を緊急《きんきゅう》収録し、翌日、四月八日に書籍《しょせき》として発刊したばかりです（『沖縄の論理は正しいのか？――翁長知事へのスピリチュ

『沖縄の論理は正しいのか？ 翁長知事へのスピリチュアル・インタビュー』（幸福の科学出版）

アル・インタビュー――』（幸福の科学出版刊）参照）。

また、天皇皇后《こうごう》両陛下《へいか》は、四月八日にパラオ共和国をご訪問なさり、昨日の四月九日にはペリリュー島に渡《わた》られて、同島での司令官だった中川州男《なかがわくにお》隊長以下の諸霊と、アメリカの戦没者《せんぼつしゃ》も含《ふく》めて御慰霊《ごいれい》なされて帰ってこられました。

今日は、その翌日の四月十日になります。

翁長《おなが》知事守護霊の霊言を収録した四月七日というのは、奇《く》しくも、昭和二十年（一九四五年）、最後の出陣《しゅつじん》をした戦艦大和《せんかんやまと》が九州南西沖で撃沈《げきちん》された日でもあります……（涙《なみだ》で声を詰《つ》まらせる）。

牛島中将は、前年の一九四四年から、陸軍第三十二軍司令官として沖縄戦を指揮していました。翌年、大和が沈没《ちんぼつ》した四月から米軍による沖縄本島侵攻《しんこう》が開始され、

『パラオ諸島ペリリュー島守備隊長 中川州男大佐の霊言』
（幸福の科学出版）

全島を囲む軍艦から空前の砲撃《ほうげき》を浴びるなかで徹《てっ》底抗戦《ていこうせん》をしましたが、六月二十三日、摩文仁《まぶに》の洞《どう》窟《くつ》陣地で自決し、死後、中将から大将に進級なされています。

ペリリュー島、その直後の硫黄島《いおうとう》、それから、この沖縄という三つの戦いにおいては、それまでの「バンザイ突撃《とつげき》」のような玉砕《ぎょくさい》型ではなく、徹底抗戦をして、一日でも長く戦い、敗れるところまで戦ったという意味では、日本のほうも非常に大きな被害《ひがい》を受けた一方、米軍のほうも甚大《じんだい》な被害を出した戦いです。

この戦いに関し、左翼《さよく》の側からは、「悲惨《ひさん》な戦

2015年の4月8日から9日にかけて、パラオ共和国を御訪問された天皇皇后両陛下は、太平洋の激戦地ペリリュー島で、日米それぞれの戦没者慰霊碑に献花をされ慰霊。御訪問に合わせて集まった元兵士や遺族ら関係者にねぎらいの言葉をかけて回られた。

い」「狂気《きょうき》の戦い」、あるいは、「何という無駄《むだ》な死か」というような言い方をされることもありますが、「国を護《まも》ることは大切なことだ」と思う人々からは、「米軍の本土への上陸を阻止《そし》して、国民を護るために、一日でも長く戦ったという捉《とら》え方をすべきではないか」という声もあります。

現在の「沖縄《おきなわ》米軍基地移転問題」を牛島中将の霊《れい》はどう見ているのか

大川隆法　ちょうど今、沖縄《おきなわ》では、普天間《ふてんま》基地の返還《へんかん》と、辺野古《へのこ》への基地移転をすべきかどうかという問題をめぐって、沖縄県知事が反対をしています。もちろん、この問題に反対を表明したことで知事に当選した方ではあるのですが、守護霊《しゅごれい》霊言においても、「これが沖縄の民意である」ということで、辺野古への移転も反対でしたし、「米軍はもう立ち去れ」というようなことも言っていました。

米軍基地があるということは、かつて敵軍として戦った牛島中将の霊から見ても、当然、気持ちのいいことではないかもしれないし、「今も占領《せんりょう》されたままである」というような意識を持っておられるかもしれません。

したがって、知事に同調するように、「米軍は出て行け」というように考えておられるかもしれないし、「それに代わって自衛隊を置くべきだ」というように考えておられるかもしれません。

あるいは、「戦《いくさ》自体が無駄であって、まったくの消《しょう》耗《もう》戦《せん》のなかで多くの人命が失われた。何十万もの人が亡《な》くなったということは、その抵抗《ていこう》も無駄な戦いだった」というように考えておられるかもしれませんが、このあたりのことについて知りたいところです。

翁長知事の守護霊霊言では、「あなたがたが言うよ

1945 年 6 月 23 日、牛島中将は、司令部壕を構えていた摩文仁《まぶに》の丘で自決。自決前には軍服から礼装に着替え、皇居の方角を拝して臨んだと言われている。

うに、これが祖国防衛のための正しい戦いだったのなら、牛島中将は高天原《たかまがはら》に還《かえ》って神様になっていなければいけないないではないか。それが、なぜ、いまだに沖縄で苦しんでいるのか。その理由を説明してくれ」というようなことを言われたのですが、質問者もそのあたりの霊的事情は分からないため、やや、しどろもどろとしていたところはあったかと思います。

「最後の日本代表」として沖縄《おきなわ》戦を戦った牛島中将

大川隆法　それでは、牛島中将の経歴を見ていきたいと思います。

まず、生まれは明治二十年ですから、明治維新《いしん》をご自身では体験なされていないことになります。

ただ、日清《にっしん》戦争（一八九四～一八九五年）は少年期にあったはずですし、日露《にちろ》戦争（一九〇四～一九〇五年）のころには、そろそろ、軍人としての自覚を持ち始めたのではないかと思われます。明治四十一年（一九〇八年）に陸軍士官学校を第二十期生として卒業し、大正五年（一九一六年）には陸軍大学校を第二十八期生として卒業しています。

その後、参謀《さんぼう》としてシベリア出兵に行ったり、陸軍戸山《とやま》学校の教育部長等をしたりしています。

また、一九三七年には歩兵第三十六旅団長に就任し、中国の華北《かほく》・華中《かちゅう》の激戦地を転戦しました。

さらに、予科士官学校長、第十一師団長、陸軍士官学校長等を歴任したあと、一九四四年から、司令官として沖縄《おきなわ》戦を指揮され、「最後の日本代表」として戦われた方です。

「沖縄《おきなわ》戦の意味」とは何だったのか

大川隆法　やはり、「沖縄《おきなわ》戦の意味」を知りたいと思っています。

これは無駄な戦いであったのか。単に終戦が遅《おそ》くなっただけなのか。あるいは、「ペリリュー島」、「硫黄島」、「沖縄」の三つの戦いで徹底抗戦したために、アメリカは本土上陸を断念したのか。

結果的には、八月六日の広島原爆《げんばく》や、八月九日の長崎《ながさき》原爆にはなったのかもしれないけれども、この三つの戦いのおかげで、本土に上陸され、女性・子供も含めて、竹槍《たけやり》突撃をすることなく、終わることができたのか。

当時は、「一億玉砕《ぎょくさい》」と言っていました。実際には一億人はいなかったけれども、約八千万人の国民はいたのです。そのうち、民間人も含めて、三百万人余りが先の大戦で亡くなってはいますが、この三百万が、沖縄戦などがなければもっと大きな被害になったのかどうか。このあたりは、見解の分かれるところだと思います。ただ、おそらく本土上陸戦をした場合、この三つの戦いを見ると、米軍としては、そうとうの死傷者が出るということを予想していたのではないでしょうか。

牛島中将は、最期《さいご》は、洞窟陣地で自決されていると思います。沖縄戦では、軍人だけではなく、民間人も洞窟に逃《のが》れて、米軍の火炎《かえん》放射器で焼かれました。当時の火炎放射器は、五十メートルもの長い火炎が出るぐらいでしたから、〝丸焼き状態〟でしょう。そういうことをされたり、洞窟のなかに爆弾《ばくだん》や手榴弾《しゅりゅうだん》等を入れられて爆破されたりもしました。それから、女性たちが崖《がけ》から飛び降りていくシーン等も有名です。

そういう意味で、島民を護り切れなかったという悔《く》いは、おそらく、おありだろうとは思います。

沖縄の人々には、「犠牲《ぎせい》になった」という気持ちはすごくあるだろうし、「本土だけがいい思いをした」というように思っているかもしれません。

　牛島中将は鹿児島《かごしま》出身ですけれども、そのお気持ちのなかに何があったのでしょうか。この終戦について、ある一つの角度から見たものがあるはずです。日本軍の司令官として現地で指揮を執《と》った方であり、特攻《とっこう》を見、戦艦大和が沈《しず》み、両翼をもぎ取られたようなかたちで、最後の抗戦をしました。

「本土決戦のシミュレーション」、「模擬戦《もぎせん》」のようなものを沖縄でやったのだと思いますが、どんなお気持ちであったのかをお聞きしたいと思います。

沖縄戦末期、アメリカ軍に追い込まれて犠牲となった看護訓練生や教師の部隊「ひめゆり学徒隊」のための慰霊碑。沖縄陸軍病院第三外科の壕の跡地（沖縄県糸満市）に建てられている。

今は、戦後を見直す最後のチャンスでもある

大川隆法　なお、「地獄《じごく》で苦しんでいる」という説もあります（前掲《ぜんけい》『沖縄の論理は正しいのか？――翁長知事へのスピリチュアル・インタビュー――』参照）。そうかもしれません。

また、私も沖縄に何度か行った際に、牛島中将の霊とは話をしたことがあるかと思いますが、公式なものではなかったので、それほど長く、いろいろなことについて聞けたわけではありません（『大川隆法政治講演集２００９　第４巻　志《こころざし》を崩《くず》さない』〔幸福実現党刊〕参照）。

今、戦後七十年という節目《ふしめ》で、安倍《あべ》さんが政権を担《にな》っている段階ですが、「戦後を見直すチャンス」としては、もしかしたら最後かもしれないと思います。

ペリリュー島の戦いでは、「当時、一万人が玉砕して、三十四人が最後まで生き

残った」と言われているけれども、今回、天皇陛下と同時期に島に行かれていた方も現在、九十五歳《さい》ということですから、次の十年後は、もういないのではないかと思うのです。おそらく、歴史としては終わってしまうでしょうから、見直しができるかどうか分かりません。

「従軍慰安婦《じゅうぐんいあんふ》」や「南京《ナンキン》事件」等に対しても、いろいろと言われていますし、「ヒットラーの侵略と同じようなものだったのかどうか」ということについての見解も分かれているところがあります。

このあたりを、先入観を抜《ぬ》きにして、ある程度、「当事者の声」としてお伝えできれば幸いかと思います。

これは、地上で生きている人の守護霊霊言ではありません。実際に戦い、自決して亡くなられた方をお呼びするということですので、宗教の本業《ほんぎょう》としての「鎮魂《ちんこん》」、「慰霊《いれい》」にも相当することかと考えています。

牛島中将の霊を招霊《しょうれい》する

大川隆法　前置きは以上とします。

もちろん、牛島中将は、現代の問題について責任はないわけですけれども、どのように思われているのかを訊《き》いてみます。また、われわれに対する言伝《ことづて》のようなものがあるなら、それも、みなに伝えたいと思っています。あるいは、アメリカや中国に対する見解もあれば、それも訊きたいと思います。

それでは行きましょう。

（手を一回叩《たた》く）先の沖縄戦を戦われました司令官、牛島満中将の霊を、幸福の科学 教祖殿《きょうそでん》にお呼びいたしまして、さまざまな角度から、「戦後七十年の今、われわれが、どう考えるべきであるのか」ということを勉強させていただきたいと考えております。

牛島中将の霊よ。

牛島中将の霊よ。

どうか、幸福の科学 教祖殿 大悟館《たいごかん》に降《お》りたまいて、われらに、そのお心の内を明かしたまえ。

牛島中将の霊よ。

牛島中将の霊よ。

どうか、幸福の科学 教祖殿にくだりたまいて、われらに、そのご本心を明らかにしたまえ。


（約三十秒間の沈黙《ちんもく》）

牛島満《うしじまみつる》（1887 ～ 1945）

鹿児島県出身の牛島は、部下や民間人の別なく常に親しく接し、その度量の大きさに恭順する者が多く、「軍服を着た西郷さん」とも称された。支那事変では、怪我をして動けなくなっていた農村の老婆を指揮官自らが背負って診療所まで運び、現地の村民も感激するなど、その人柄を偲ばせる話には事欠かない。当時の米陸軍は、牛島のことを「物静かで極めて優秀、全軍の将兵が心酔している」と分析した。また、陸軍士官学校の校長等を歴任した牛島は、優れた教育者としても知られ、人から請われると「至誠《しせい》」と書いて渡したという。沖縄戦では、兵力で10倍の差を誇る米軍が、上陸から1カ月でわずか5キロしか進軍できないほどの徹底抗戦を展開し、米軍司令官バックナーをして、「歩兵戦術の大家」「人格高潔な将軍」と称賛せしめた。

2 「沖縄《おきなわ》戦の全責任は自分にあり」と述べる牛島中将

涙《なみだ》とともに語られた牛島中将の悔悟《かいご》

牛島満　（顔をしかめ、やや苦しそうに息を何度か吐《は》く）ふう……。ふう……。

里村　失礼いたします。牛島満中将であられますでしょうか。

牛島満　（無言で右手を額《ひたい》にかざし、敬礼をもって応《こた》える）

里村　ありがとうございます。

本来ならば、「牛島大将」とお呼びしなければいけませんけれども、本日は、沖縄《おきなわ》戦のことについてお伺《うかが》いしたく、「牛島中将」とお呼びするご無礼《ぶれい》をお許しください。

今日は、戦後七十年目の四月十日でございますけれども、まさに七十年前、激戦だった沖縄戦が火蓋《ひぶた》を切ったころでございます。四月七日には、戦艦大和《せんかんやまと》が最後の突撃《とつげき》をして沈《しず》みました。

最初に牛島中将にお伺いしたいのは、先般《せんぱん》、現・沖縄知事の翁長《おなが》氏の守護霊《しゅごれい》から、「牛島中将が、死後、苦しんでいらっしゃる」と、まるで迷っているかのような話も聞きましたけれども、「今、牛島中将はどのような状態であられるのか」ということについてお伺いしたいと思います。よろしくお願いいたします。

牛島満　（涙《なみだ》をこらえながら）はあ……。それは、まあ、何と言われようとも、私のほうは……、申し開きする気はありませんけれども……。

里村　「何と言われようとも」とおっしゃいましたが、どういう声が牛島中将に届いているのでしょうか。

牛島満　それは、私が最終責任者ですから、何としても、米軍を……、沖縄で食い止めたかった。食い止めたい一心で戦い抜《ぬ》きましたけれども、兵糧《ひょうろう》尽《つ》き、弾薬《だんやく》尽き、食糧《しょくりょう》尽き、水尽き、で……。

（涙で声を詰《つ》まらせながら）何もないなかで、うーん……、もう、これ以上戦えない状況《じょうきょう》で、まことに無念でありますけども、もう……。

洞窟《どうくつ》から見れば、沖縄を囲む海は、もう、米軍の艦船ばかりで、日本の船など一隻《いっせき》もない状態で……。わが非力を、もう、わが非力を嘆《なげ》くほかなく、武器、弾薬、食糧、水……、何もないなかで、いかなる戦略も戦術も、もはや通じない。数多くの教え子たちを死なせながら、もはや、彼らを救う手立て、作戦の一つも立てることができない状況で……。

（苦しそうに息を吐く）はあ、はあ……。何とかして、最後の使命を果たしたいと思って戦いましたが、持ちこたえることができず、まことにもって申し訳ない！（悔《くや》しそうに涙を拭《ぬぐ》う）

いまだ沖縄《おきなわ》の人々が日本の国に不信感を抱《いだ》いているのは、

「私、ただ一人の責任」

里村　ただ、牛島中将をはじめ、みなさまのご活躍《かつやく》で、現実的には、ある意味で、「アメリカ軍の本州、あるいは皇居に向かっての、それ以上の侵略《しんりゃく》は止《と》めえた」というのが、私は事実ではないかと思います。

牛島満　（涙を拭いながら）分かりません。私には、それは分かりません。ただ、ゼロ戦さえ、もうない状態になって、ゼロ戦なく、戦艦大和なく戦うことの厳しさや、肉弾戦で、もう、日本刀で米軍に斬《き》り込《こ》むぐらいしか方法がないなかで、はたして、われわれが使命を果たしえたのかどうか……。それさえ分からない最期《さいご》ではありましたけれども、ああ……、残念です。ああ……（すすり泣く）。

里村　いや、ただ、本当に、物量や装備にも限りがあるなかで、しかも、一般住民も多いという、非常に戦いにくい状況のなかで、沖縄戦を三カ月近く戦い続けられました。

しかも、アメリカの現地司令官のサイモン・バックナー中将が戦死するという、アメリカ軍にとって、いまだかつてなく、今もない、そのような戦果も挙げられているわけです。

牛島満 （涙ぐみ洟《はな》をすする）いや、そんな……。

里村 そして、沖縄でのこの決戦が、事実上、最後の大決戦になったという意味では、私《わたくし》は、「牛島中将をはじめ、沖縄戦で戦われたみなさま、一般の方、市民も含《ふく》めて、よく戦われたのではないか。これが、むしろ、公正な評価ではないか」と思うのですけれども、いかがでしょうか。

牛島満 「敵将の一人を倒《たお》せたかどうか」というようなことは、そんなに大きな問題ではございません。私たちは、沖縄の人たちを護《まも》り切れなかったことが、悔しい！

里村　はい。

牛島満　われわれ軍人は、全員玉砕《ぎょくさい》するつもりでありましたけど、まあ、われわれは職業軍人ですから、死ぬことを覚悟《かくご》して、この職業に就《つ》いております以上、全員、最後の一兵まで戦って死ぬつもりではおりましたけれども……。

ただ、沖縄の民間の人々、女性や子供たちを護り切れなかったことは、軍人の最高司令官として、まことにまことに申し訳なく、わが非力により、戦後七十年にわたって、いまだに沖縄の人々が、日本の国に対して不信感を抱《いだ》き、その戦いに対して、「無謀《むぼう》な、無駄《むだ》な戦いであった」と言い続けておられるのであるならば、まこと、「私《わたくし》、ただ一人の責任」と言わざるをえません！

陛下《へいか》に対しても、まことに申し訳なく、ふがいなく、陸軍士官学校にて教鞭《きょうべん》を執《と》っておった者の責任者として、まことにまことに、わが兵法の拙《つたな》さを懺悔《ざんげ》するのみであります！（涙を拭う）

里村　今のお言葉は、中将の司令官としての責任感、重みを、本当に胸に秘《ひ》められているお言葉だと思います。

「島民を死なせてしまったことは、わが一身をもって償《つぐな》いをしたい」

里村　本当に、もう言葉もございませんけれども、あえてお伺いさせていただきます。沖縄で決戦を迎《むか》えることになったときに、その前年、一九四四年の秋から、中将は一般市民の疎開《そかい》等を進められていたように聞いておりますけれども、この沖縄での戦いを、どのようにされるおつもりだったのでしょうか。

牛島満　はあ……。米軍の艦船の多さ、それから、空爆《くうばく》の多さ。もう、制海権も制空権も、全部取られた状況で、孤島《ことう》と化した沖縄を護《まも》るっていうのは、もう……。

全員を「死」へ誘《いざな》うかどうかは、私の判断一つにかかっているような状況でありましたので、うーん……。島民のみなさまがたには、まことに、まことに申し訳なく！　われわれ軍人だけで足りずに、島民のみなさまがたまで、日本本土の防衛の〝盾《たて》〟の一部として死なせてしまったことに対しては……、沖縄のみなさん、もう、どうか、本土のみなさんや天皇陛下、その他、多くの内閣の指導者の責任を、どうか問わないでいただきたい。

私《わたくし》一人が、凡将《ぼんしょう》であったために！　このような、無様《ぶざま》な結果になったわけで……。

里村　いや……。

牛島満　（涙をこらえながら）ペリリュー島のような、何もない、本当に水も食べ物もまったく何もないようなところでの、洞窟での徹底抗戦《てっていこうせん》と違《ちが》って、沖縄にはまだ、多少は土地もあり、食べ物もあり、水もある。そのなかで、多くの市民が洞窟にまで逃《に》げ込み、岸壁《がんぺき》から飛び降りて自殺しなければならないような状況を招いたことに対して、まことに、まことに……、まことに、わが一身をもって、その償《つぐな》いをしたいという気持ちでいっぱいです。

里村　畏《おそ》れ多いことながら、ただ、沖縄本島での戦いには、やはり、「市街戦」というものの難しさもあったのではないかと思います。

牛島満　逃《に》がしてあげたくとも、（涙ぐみながら）沖縄の人たちを、もう、逃がす艦船さえないし、もし艦船があったとしても、護るべきものが何もないので、撃沈《げきちん》されることは、もう、ほぼ分かっていて。だから、もう、全員が「蟻地獄《ありじごく》」のなかにいて、さらに「焦熱《しょうねつ》地獄」が襲《おそ》ってくるという……。

そのまっただなかで、わが為《な》すことが何一つ実《み》を結ぶことなく、まことにまことに、皇居に向かって、もう、何度も何度も拝礼《はいれい》して、自決しました。

「戦艦大和沈没《せんかんやまとちんぼつ》の無念さ」に涙《なみだ》が止まらなかった

里村　ええ……。あの、本当に、ちょっと、私も言葉がもう出てこないんですけれども。

たいへんお訊《き》き苦しいことも、少しお訊かせいただきますが、もともと沖縄戦においては精鋭《せいえい》部隊を持っていました。しかし、大本営《だいほんえい》の方針によって、その一部が台湾《たいわん》のほうに割《さ》かれたわけです。私ども後世の者から見ると、牛島中将は万《ばん》全《ぜん》な状態ではないなかで戦いを迎えられたのですが、大本営のやり方に対する不満などは……。

牛島満　いやあ、もう、そんなものはございません。まったくございません！　まったく、そういうものはございません。台湾だって大事ですから。台湾だって護らなければいけないところであったと思いますので、そんなことは言ってはおれませんし、もうどこにいようと「死地《しち》」でございます。死ぬために行く場所ですので、どこで死のうと、軍人としては何も言うことはできません。

（涙《なみだ》を拭いながら）戦艦大和が沖縄の浜辺《はまべ》に座礁《ざしょう》して、砲台《ほうだい》になって護ろうとしたのに、それを果たすこともできず、沈《しず》んでしまった。九州南西沖に沈んでしまったことを聞いて、ほんとに涙が止まらなかったです。無念であったろうと思います。世界に誇《ほこ》る世界一の大戦艦が、その四十六センチ砲の威力《いりょく》を使うこともなく……。「敵艦隊が何百隻《せき》、あるいは千隻もいたかもしれないなかに突《つ》っ込んで、撃《う》って撃って撃ちまくって、戦いたかっただろうなあ」と思うと……。航空機の大群に沈められたときの彼らの無念さを思うとき、日本軍として、「本土としては、もう本当にやるべきことはやった」と思います。

特攻隊《とっこうたい》もほとんど突っ込んでいきましたし、もうできることはほとんどなく、あとは島嶼戦《とうしょせん》において、ゲリラ的に戦う以外に方法がない状況で、原則的には、時間をかければ全滅《ぜんめつ》することが分かっている戦いでした。

ですから、「私が戦いを終わらせることで、島民の命が救われるという判断をどこでするか」という問題。「できるだけ長く戦って、本土攻撃を抑止《よくし》する」ということを目指しながらも、長く続けば多くの島民が死んでいくということを

戦艦大和の〝沖縄特攻〟

〈上〉米軍航空機の攻撃を受ける戦艦大和

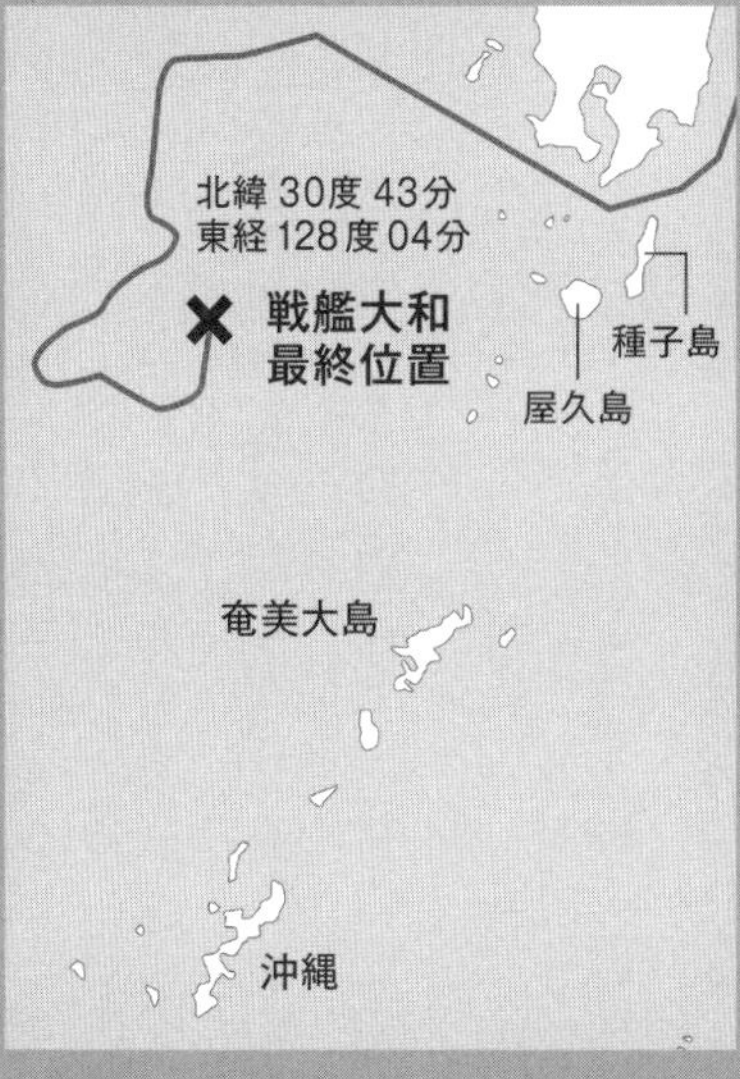

〈左〉戦艦大和航路地図

第二次大戦当時の日本の最高技術を結集して建造され、史上最大規模の戦艦だった大和は、危機迫る沖縄の救援に向かったが、1945 年 4 月 7 日、米軍機動部隊の猛攻撃を受け、鹿児島県坊ノ岬沖で撃沈された。

……。

アメリカ軍は、島民と軍隊の区別を持っていませんでしたから、（島民と）ゲリラとの区別はなかったでしょう。だから、全員が敵に見えていたはずですし、どこから襲ってくるか分からず、夜陰《やいん》に乗じて襲ってくる者は、何でも撃ち殺す状況であったでしょうから。

まことに、軍として負けるときはこんなものかとは思います。緒戦《しょせん》の南方戦線においては偉大《いだい》な勝利をあげましたので、負けるときは、こういうものであることは、覚悟せねばならんとは思いますけども（涙を拭う）……。

わが身一つでもってしては、沖縄の悲劇を受け止めきることができませんで、まことに申し訳ございません！

里村　いえいえ。

3　民間人に多大な犠牲《ぎせい》が出た「沖縄《おきなわ》戦の真実」

「アメリカ軍の民間人への攻撃《こうげき》」について、どう思うか

綾織　確かに、「たくさんの県民の方々がお亡《な》くなりになった」という結果ではあるのですが、一方で、「アメリカ軍が、女性や子供たちが疎開《そかい》するための船を攻撃《こうげき》する」ということがあって、県民のみなさんを逃《に》がすことができなくなり、結局は市街戦になったわけです。

1944年8月21日、沖縄から本土・長崎に向けて出港した疎開船「対馬丸《つしままる》」が、翌日夜、鹿児島県沖で米潜水艦の魚雷攻撃を受けて沈没。779人の学童を含む1476人が犠牲になった。

このように、民間人と区別せずに、そういう船を沈《しず》めていくようなやり方については、どのように思われますか。

牛島満　まあ、それは（沖縄県民を）護《まも》るべきものを持っていなかった……。軍《ぐん》艦《かん》や航空機をすでに持ってなかった状態で、わが軍が降伏《こうふく》してもいい状況下《じょうきょうか》で、まだ徹底抗戦《てっていこうせん》していたことは、向こうの論理から見れば〝悪い〟わけです。あちらから見れば、おそらく、「日本の被害《ひがい》を大きくすることで、厭戦《えんせん》気分を高めて早く終わらせたい」という気分であったであろうと思われますので、そういう政治的な判断は、当然あるべきかとは思います。

ただ、軍人として考えるときに、沖縄から逃げていこうとする者について、「軍人が逃げていこうとしているか、民間人が逃げていこうとしているか」という区別はつかなかったであろう。それを攻撃したことは、細《こま》かく内容を見れば、やってはならない部分もあったかと思いますが、「それを護れなかった」ということに対するふがいなさが第一ですので、われわれの責任です。

沖縄戦は、民間人に被害《ひがい》が出る「籠城戦《ろうじょうせん》」のスタイルだった

綾織　一方で、「疎開《そかい》できずに残った方々が、最後まで日本軍と一緒《いっしょ》になって戦う」というのは、普通《ふつう》の戦いではありえない状態だと思います。今、そのようにして亡くなった方々に対して、どういうお気持ちでいらっしゃいますでしょうか。

牛島満　まことにまことに、申し訳ないことではあるけれども、古代の中国から、国同士の戦いになりますと、今の街とは違《ちが》いますので、街そのものが城塞《じょうさい》で囲まれている状態でございました。それを護るべく戦って敗れたときには、敵は城内になだれ込《こ》んできて、火をつけ、人を殺し、略奪《りゃくだつ》をしますので、戦《いくさ》で敗れたとき

には、もちろん、兵士も民間人も殺されていたと思います。

そういう意味で、「籠城戦《ろうじょう》の場合は、民間人も一緒に死ぬ」ということは常識で、それをしたくなければ、「城門の外に出て、野戦《やせん》で戦って勝敗を決する。それで敗れたら諦《あきら》める」というスタイルが一般《いっぱん》です。

ですから、民間人の被害《ひがい》をゼロにしたければ、われわれが全員、沖縄《おきなわ》の海岸に出て、一日か二日で死ぬつもりになって戦えば、民間人の被害は少なく済んだかもしれません。そういう考え方もあったかもしれません。軍人は全員、浜辺《はまべ》で自決したって構わなかったのかもしれません。それで戦いは終わるでしょう、おそらくね。

そういう意味で、われわれが（沖縄戦を）長引かせたことによって、山のなかや洞窟《どうくつ》のなかで、民間人たちを数多く死なせたということは、まことに申し訳ない。おそらく、二十万ぐらいの数が死んでいるでしょうから。もうちょっと行っているかもしれませんが（注。沖縄戦における日本側戦死者は約十九万人、そのうち、民間人の犠牲者《ぎせいしゃ》は約九万人と言われている）。まことに、それは作戦の立て方でありますので……。

私としては、何でしょうかねえ……、真田幸村《さなだゆきむら》や楠木正成《くすのきまさしげ》のように、いろんな奇策《きさく》を用いてでも、山のなかでの戦いや、向こうにとって不案内な土地での戦い、奇襲《きしゅう》、夜襲を通じて、何とか敵軍を討《う》つべく戦ってはいたんですけれども。その攻撃力の差は何ともしがたい。

味方の損害を減らし、敵の損害を大きくする「アメリカの戦い方」

牛島満　ペリリュー島でも、そうであっただろうと思われますが、（アメリカ軍は）海のなかの安全地帯から、日本軍の艦載機《かんさいき》や航空機による攻撃をまったく受けることなく、砲弾《ほうだん》で島中を砲撃するという攻撃をし、こちらの軍人も民間人も殺されていた状況です。

アメリカのやり方は、まず島全体を「蜂《はち》の巣状態」にして叩《たた》きます。次は「ナパーム弾」や「焼夷《しょうい》弾」、それから（島に）入ってきても「火炎《かえん》放射器」で山を焼いて、洞窟を焼いている。まあ、「できるだけ自分たちの損害を減らして、敵の損害を大きくする」という戦い方をやりました。

アメリカ的立場に立てば、それは〝進んだ戦い方〟であろうから、当然ですが、日本軍が取らなかった戦い方ではあります。われわれは輸送船を攻撃したり、一般住民を攻撃したりするようなことはしませんでしたから。日本軍としては、「武士道」から考えて、それは考えられない戦い方ではある。

そうした、「海のなかからの艦砲《かんぽう》射撃で、島を丸ごと蜂の巣状態にする」っていう考え方は……、もし向こう（アメリカ軍）が、「民間人に被害を出したくない」という哲学《てつがく》を持っておったならば、それはできなかった戦いだろうと思う。

それをしないで上陸してきたら、もちろん軍人が待ち伏《ぶ》せして、被害が増大することは分かっていたであろうから、「できるだけ、砲弾あるいは爆撃《ばくげき》で戦いたかった」というのが向こうの考えでありましょう。

東京大空襲、あるいは広島・長崎等を見れば、そういうことですね。原爆一つで「十万人を殺傷」して、「自らは安全」と。これは〝究極の戦い方〟ではありますからね。まあ、自分たちの被害をゼロにし、敵の被害数を百にする。この戦い方が〝究極の戦い方〟でしょうから。

「戦《いくさ》のプロとして敗れた」ということに対しては、申し訳がないです。

沖縄での徹底抗戦《てっていこうせん》が本土決戦を防いだ

里村　ただ、決して「百対ゼロ」ではなく、アメリカ側にも数万人（注。米軍の戦死者数は約一万二千人、戦傷者・戦闘神経症は約七万人とされる）の死傷者が出ています。その意味では、牛島中将は物量で負けているところで、十分それなりに、相手に対して一矢《いっし》を報《むく》いる戦いをされているわけです。アメリカ側の軍事史家のなかには、「牛島中将は、傑出《けっしゅつ》した現場の戦争指導者である」と評価する人がいることも事実でございます。

牛島満　まあ、沖縄《おきなわ》で終戦になったということは、沖縄の人たちにとっては大変なことではあるけれども、「本土決戦が行われなかった」っていうことは、不幸中の幸いではあったのかなあとは思いますがね。

そのままであれば、おそらくは静岡《しずおか》あたりとかに上陸してきたでしょうね。日本の真ん中あたりから上陸して、左右に展開していって、列島を分断して、輸送路を断《た》ち、そして関東と関西の方面に向かってきたでしょうね。おそらく、そうしただろうと思いますよ。伊豆《いず》諸島のほうから上がってきてね。

里村　先の戦争では、「三百十万人ぐらいの方が亡くなった」と言われていますけれども、本土上陸になったときは、当然、被害はそんなものでは済まなかったということが予想されるわけですね？

牛島満　うーん。まあ、それは分かりませんが。どこで（天皇陛下《へいか》の）ご聖断《せいだん》が下《くだ》ったのか、相変わらず分からないところはございますし、大本営《だいほんえい》に新たな考え方があったのかもしれませんので、私にはそこまでは分かりません。

まあ、沖縄戦は悲惨《ひさん》ではあったけども、「悲惨であったがゆえに、そうした肉弾戦が本土で行われなかった」ということを聞くことが、唯一《ゆいいつ》の慰《なぐさ》めです。

最高司令官として、沖縄県民の「玉砕《ぎょくさい》」は避《さ》けたかった

綾織　牛島中将は、沖縄戦において、「最初は持久戦法を取っていたが、途中《とちゅう》から総攻撃に方針を変えた」という部分があるため、後世では、「なぜ、こんな相《あい》矛盾《むじゅん》する二つの作戦を取ったのか」と批判されることがあります。

先ほどおっしゃったなかに、「どうやって本土決戦を避《さ》けるか。一方で沖縄県民の犠牲をどれだけ少なくするか」ということがありましたが、その相矛盾する目的というか、狙《ねら》いがあったために、どちらで行くべきなのかを逡巡《しゅんじゅん》されていたと考えてよろしいのでしょうか。

牛島満　まあ、最高司令官としての考えとしては、県民全員に「玉砕《ぎょくさい》」という判断ができるかといったら、やはり、それは避けたかった。

ただ、沖縄が二、三日で攻略されてしまうようだったら、米軍は完全になめ切ってしまうでしょう。「何百隻《せき》もの艦船で都市を砲撃したら、すぐ日本が降参する」と思えば、簡単にほかのところもやられたでしょうから。

まあ、東京とか、いろいろ爆撃されたところは大変だったとは思いますけども、彼ら（アメリカ軍）から見れば、沖縄の島は本当に「蜂の巣状態」だったと思うんです。そのぐらい撃《う》ち込んでいました。「人なんか住んでるはずがない」と思うようなところまで撃ち込んでいたし、絶えず爆撃機が爆撃していたし、戦闘機《せんとう》も飛来しては、逃げていく島民たちまで、機銃掃射《きじゅうそうしゃ》で撃ち殺していくような状況でありましたね。

だから、「恐怖心《きょうふしん》を与《あた》えて、早く終わらせよう」という考えだったのだろうと思います。まあ、「彼らのすべてが悪意だ」と私は思っていません。「恐怖心を煽《あお》って、早く終わらせよう」と思っていたのだろうと思います。

里村　うーん……。

牛島満　また、もし降参しなければ、最終的には、艦砲射撃や、空襲だけで占領《せんりょう》することはできませんので、地上軍を出さなければ、やっぱり駄目《だめ》です。地上軍を出して上陸しなければ、最終的には占領できない。

　ということになれば、（アメリカ軍の）被害は絶対に、確実に出るんです。確実に地上軍を出さなきゃいけない。向こうは、こちらが降参しないかぎり、向こうに被害が絶対に出ることは分かっていましたのでね。

　だから、私は、相手に一定の被害を出さなければいけないとは思っていましたが、沖縄が全滅《ぜんめつ》しないようには、どうしてもしたかったので、「（島民を）全員、道連れ」ということは、やっぱりあってはならない。「武士道」としては、あってはならないことなので。

もう、彼らを護り切れなかったことに対しては、まことに申し訳ないですが、ペリリュー島や硫黄島《いおうとう》等で、二、三カ月、みんな頑張《がんば》っていらしたので、その程度は頑張らないと、やっぱり駄目だというように思ってはおりました。

里村　はい。

4　牛島中将が「護《まも》りたかったもの」とは

日本は「三つの島での戦い」で国体を護《まも》り切った

綾織　これは、ややお伺《うかが》いしにくいことではありますが、「本土決戦を避《さ》けるために、ある程度の持久戦をしなければならなかった」という部分を取ると、今の沖縄県民の方々にとっては、「沖縄が犠牲《ぎせい》になった」という気持ちになってしまうところもあると思います。

これについて、今、牛島中将からのコメントというのは、何かございますでしょうか。

牛島満　もちろん、沖縄の方々の、ご遺族の方々のお気持ちを思えば、それは、「沖縄戦が始まる前に終戦してくれれば、一人も死なずに済んだ」という考えはおありでしょうし、「戦艦大和《せんかんやまと》が突《つ》っ込《こ》んでくるとか、特攻隊《とっこうたい》が数多く出てくるような状況《じょうきょう》で、なんでまだ戦うんだ」と、「見切りが悪い」という言い方をされれば、それまでであり、そのとおりだろうとは思います。

ただ、私たちが心配していたのは、やはり、「国体が護持《ごじ》できないのではないか」ということです。

つまり、おそらく、あっさりと降伏《こうふく》してしまった場合は、今までの戦争の歴史から見て、「天皇陛下《へいか》にまで累《るい》は及《およ》んで、公開処刑《しょけい》されるところまで行くであろう」ということは予想されていましたので、あまり情けない敗れ方というか、降参の仕方をしたら、おそらくはそうなる。

天皇陛下に責任が及んで、皇室は廃止《はいし》になり、東京で公開処刑されることに、たぶんなったと思われます。
それはどうしても避けたかった。
だから、戦後の歴史では、「無条件降伏した」ということになっておるけれど、「無条件」ではないはずです。

里村　はい。

牛島満　「天皇制」を残したわけですので、これは無条件なはずがありません。米軍から見れば、いちばん潰《つぶ》したかったものは天皇制のはずです。
「この天皇制を潰せなかったのは、なぜか」というところですが、潰せなかったのは、やはり、三つの島（ペリリュー島・硫黄島《いおうとう》・沖縄本島）での戦いがあったからだと思います。

里村　なるほど。つまり、その敢闘《かんとう》が、アメリカに、「日本、与《くみ》し易《やす》し」とは思わせずに、ひいては、戦後の占領《せんりょう》政策で、「天皇・皇室温存」「天皇制をしっかりと護《まも》る」という、マッカーサー、あるいは、連合国の判断を引っ張ってきたということですか。

牛島満　だから、無条件じゃないはずです。

里村　はい。

牛島満　条件付きです。その条件で、日本にとっては絶対に護らなきゃいけないものは、護り切ったんです。「ペリリュー島の戦い」だって、天皇陛下のために戦いをやってたはずですね。

皇室が廃止《はいし》されれば、日本は「キリスト教国」になっていた

牛島満　「天皇陛下の戦い」と言えば、個人のための戦いのように聞こえるかもしれませんけども、「皇室を護る」というのは、「日本の歴史を護る」ということなんですよ。日本の二千六百年の歴史を護るための戦いであるし、「日本の神々を護る」ための戦いなんですよ。

「占領され、そして、皇室が廃止《はいし》され、処刑を受ける」ということになれば、これで、日本神道《しんとう》の歴史は幕を閉《と》じて、日本は、「キリスト教の国」に、たぶんなったでしょう。

それを避けるための戦いを、われわれはやっていたので、人柱《ひとばしら》になった方々、民間の人たちには、たいへん申し訳ないとは思っておりますけれども。

うーん……。（涙声《なみだごえ》で）まあ……、たいへん申し訳ないとは思いますけれども、もし沖縄の方々が、「自分たちは日本人だと思ってない」というのであれば、「犠牲になった」という意味で、韓国《かんこく》の人や中国の人たちと同じ気持ちになることもあるのかもしれません。

ただ、もう一段大きな観点から、地政学的に見たら、「日本のすべての部隊が沖縄に集結するはずはない」と、アメリカのほうは思ってたわけですので、やっぱり、「沖縄は前哨戦《ぜんしょうせん》にしかすぎず、本土のほうが強いだろう」と向こうは見ていたわけです。

本土は、どこからでも上陸ができます。そういう状況です。もう艦船がなく、制空権がない状態ですから、どこから上陸しても、本土は取れますよね。

そんな状況でしたから、護り切れないような状況であったと思うので、まあ、（アメリカは）沖縄の島一つ、スキップしても、それができないわけではなかったはずだと思います。たぶん、占領はできたでしょう。

だけども、「全勢力がある」とは思っていない沖縄、彼らから見れば、本当に、（大川総裁が）おっしゃるとおりの「（総人口の）一パーセントしかない」と思っていた沖縄で、「これだけ甚大《じんだい》な被害《ひがい》が出て、抵抗《ていこう》があった」ということを、「日本全土に広げてみたらどうなるか」ということを想定したときに、まあ、「これは大変なことになる」ということが、もう予想はついたと思います。


里村　これは、たいへん重要な論点ですので、重ねてお伺いさせていただきます。

この沖縄戦を現代に置き換《か》えますと、現代では、「イラク戦争」というものが起きまして、いとも簡単に、イラクはアメリカに負けました。

そして、抵抗らしい抵抗もなく、あっという間に、「フセイン大統領が処刑される」ということが起きました。

牛島満　はい、はい。

里村　要するに、「そういうことがありえた」ということですね？

牛島満　ありえたと思います。

里村　はあ……。

牛島満　だから、われわれが、もう「負け戦《いくさ》」と……、「ミッドウェー（海戦）以降は負け戦の流れである」ことは、まあ、だいたい軍人なら感じていたはずではありますけれども、われわれが、そんなふがいのない負け方をして……。

要するに、戦場では命が惜《お》しければ投降すればいいわけですから、全員、銃《じゅう》を捨て、刀を捨てて、手を上げて浜辺《はまべ》に出ていけば、捕虜《ほりょ》になるんでしょ？

里村　はい。

牛島満　だから、助かります。自分の命が惜しければ、そうすればいいわけで、それで、島民も助かり、自分らも助かります。そういうことですけども。われわれはそういう立場を取らなかった。それについては、結果については、私にすべての責任があります。

「生きて虜囚《りょしゅう》の辱《はずかし》めを受けず」で、護ろうとしたものとは

里村　牛島中将が自決される前の、一九四五年六月六日に、海軍の大田《おおた》実《みのる》中将が、

「沖縄県民斯《か》ク戦ヘリ　県民ニ対シ後世特別ノ御高配《ごこうはい》ヲ賜《たまわ》ランコトヲ」という有名な電報を打電して、先に自決されました。

そして、「最後の最後まで。いちおう、ここまで」ということで、六月二十三日、まあ、二十日説もありますが、牛島中将が亡《な》くなられました。

牛島満　（洟《はな》をすすり、息を吐《は》く）はあ……。

里村　やはり、「そろそろ頃合《ころあ》いだ」というように、中将も思われたわけでしょうか。

牛島満　（約五秒間の沈黙《ちんもく》）まあ、武器・弾薬《だんやく》があればね、もう少し戦うことはできたとは思

大田実（1891 ～ 1945）
沖縄方面根拠地隊司令官。小禄《おろく》の海軍壕を死守するも、1945 年 6 月 13 日に自決。牛島中将とも親しく、人格者として尊敬を集めた。

いますけども……、弾《たま》がない。「弾がない」というのは、やっぱり厳しいですね。

だから、あとは、もう斬《き》り込みをかければ、それで最期《さいご》になりますので。向こうは機関銃ですから。「向こうは機関銃のなかを、日本刀一本で斬り込む」、あるいは、「銃剣《じゅうけん》で突っ込むだけ」という最期しか、もう残ってないので。あとは「自決」か、どちらかですね。

ただ、「日本軍は降伏しない」という、いちおう、そういう不文律《ふぶんりつ》で貫《つらぬ》かれておりまして、まあ、「これが野蛮《やばん》だ」という考えもあるんだと思うんです。「捕虜《ほりょ》になればいいんだ」という考えが、当然、ほかの国にはたくさんありますので。「捕虜になる」というのがあるので。「捕虜にさえなれば安全だったのに」という考えはあるから、「そういう知恵《ちえ》がなかったところが、野蛮で幼稚《ようち》だ」という考えは、おそらくあるんだろうと思います。

ただ、「われわれには護りたいものがあったのだ」ということを、彼らが分かっていたのかどうかは知りません。

ただ無謀《むぼう》な戦いをやっているような感じに見えたでしょうかね。「プロ野球、大リーガーと少年野球が戦っている」ぐらいの力の差に見えていただろうとは思いますよ。

もう沖縄の海を埋《う》め尽《つ》くすような、あの（アメリカの）大艦隊を見たら、「勝てるわけないじゃないか」というのが……、それは、もう大艦隊が現れたときに、見たら分かることですよ。それから、空襲《くうしゅう》を連日受けたら、もう、これは勝てるわけないことぐらい、みんな分かってることですよ。

沖縄戦において、アメリカ軍は、艦船1千数百隻、兵員約18万人、補給部隊を含めて約55万人の大軍で沖縄を包囲。1945年4月1日、読谷《よみたん》付近の海岸（写真）から上陸した。

そのなかで、やっぱり、「どう日本軍人として、潔《いさぎよ》い戦い方をするか」ということですね。

島であったために、補給がつかないのでね。まあ、補給がつけば、まだ何らかの戦いはできたんだとは思うんですけどね。悔《くや》しい！（涙ぐむ）

里村　これは、また重要な論点ですが、確かに、「生きて虜囚《りょしゅう》の辱《はずかし》めを受けず」という言葉が、本当に現代の日本においては、もう「野蛮さの一つの表れ」のように、あるいは、「無理を押《お》してやっている、非知性的・非理性的な行動である」かのように言われがちです。

しかしながら、それは、「守るものがあるから」という面もあるということですね？

牛島満　だから、それを批判される方は、おそらく、「それが妄想《もうそう》であり、洗脳であり、押し付けである」ということでしょ？

里村　はい。

牛島満　「『個人の基本的人権を守る』という考え方から見れば、そんなものは集団幻想《げんそう》・共同幻想であって、そんな『ありもしないものを守る』ということはバカバカしい」ということで、戦後、唯物論《ゆいぶつろん》が流行《はや》り、神様や仏様、あるいは、先祖に対する崇拝《すうはい》の念は、かなり薄《うす》れていったんだと思いますけどね、おそらく。

だから、「『個人が幸福であって、基本的な人権が守られるということが、何よりも大事な価値なんだ』という考えから見れば、そういう『何か大きな集合目的のために命を失う』みたいなことはバカげたことだ」と言うんだろうし、それを捉《とら》えて言えば、「全体主義的な軍隊だ」というような言い方は、まあ、できるのかもしれません。

（涙声で）ただ、われらが護り切ったものは、やっぱり、あったのではないかと私は思っています。

里村　はい。

「民間人に『死ぬように勧《すす》めた』という事実はありません」

綾織　これも、また日本軍の名誉《めいよ》回復の部分だと思うんですけれども、沖縄の方々は、「日本軍が集団自決を命令した」ということをよく言いますが、これは、あとあと日本政府からの補償金《ほしょうきん》をもらうために、「そういうことを言ってください」と、遺族の方から頼《たの》まれたというのが実際のようです。

こうした「日本軍に対する、ある意味での辱《はずかし》め」のような部分については、今は、どのように思われますでしょうか。

牛島満　軍人は、もちろん、最後は自決するつもりでいましたから、それは、お互《たが》い、手榴弾《しゅりゅうだん》とか銃剣があるかぎり、自決するつもりでおりましたが、残された島民……。

そう、「島民を生かすかどうか」という問題もありましたが、要するに、「われわれが命を絶《た》ったあと、島民たちの安全が確保されるかどうか」についての保証がなかったところは、やっぱりあります。

ですから、まあ、「鬼畜米英《きちくべいえい》」と言われておりましたので、彼らは、自分たちが、「人権を守る国だ。デモクラシーの国だ」と思ってはいるんでしょうけれども、戦い方だけから見れば、必ずしもそうは言えない面はありました。

民間人を（軍人と）まったく同じ扱《あつか》いにしていたところがあったので、「もしかして、われわれが、要するに、プロの軍人がいなくなったあと、民間人は皆殺《みなごろ》しになる可能性もあるかな」と私たちは恐《おそ》れていました。

里村　うーん……。

牛島満　だから、全部集められて……、例えば、浜辺に全部、民間人を集められて、それに爆弾《ばくだん》の雨でも降らせば、皆殺しできますよね？　効率よくね。

里村　はい。

牛島満　「それをする可能性もある」という状況はあって、それについては保証はなかったですし、まあ、交渉《こうしょう》ができるような状態でもなかったですから、とても。とても（そんな状況）じゃないから。

そういう意味で、（われわれには）「あとを護り切れないかもしれない」という気持ちはあったと思います。

そのあたりのことがあるので、（民間人のなかには）まあ、「自決」とまでは言えないかもしれないけども、「軍部がみんな自決していくなかで、やっぱり、われわれも、米軍によって蹂躙《じゅうりん》されたり、皆殺しにされるぐらいだったら、そういう辱めを受けたくない」と思った人たちがいたことは、実際、そうだろうとは思いますし、そう考えるには、無理がないところはあったと思います。

それは、（米軍が）上陸したあと、「軍人がいないなかで、民間人がどういう目に遭《あ》うか」「奴隷《どれい》状態から、さらにその先、どうなるか」というのは分かりませんので。それこそ、ナチスがやったようなことをやったかもしれませんからね。

あるいは、火炎《かえん》放射器で、みんな焼き殺し、〝公開焼き殺し〟ということだってないわけではありませんので。

まあ、こういう言い方は使いたくはなかったけども……、彼ら（米軍）にとってみたら、「できるだけ、〝原価の安い〟殺し方を、たぶんやりたかったんではないか」というふうには思います。

だから、民間人のなかには、やっぱり、それ（投降すること）を辱めと思うような気質もあったことはあったので。

まあ、島でありましたので、「軍人」と「民間人」が完全に分かれることはできなくて、一緒《いっしょ》に山に逃《に》げていた部分がございますから、兵隊たちが自決していくのを見れば、それはもう、自分たちも一緒だというふうに思ったところはあるでしょうね。

しかし、死ぬように勧めたという事実はありません。

里村　なるほど。

牛島満　そんなことはありませんが、彼らを残すことに対する、われわれの「憂《ゆう》慮《りょ》」っていうか、「無念さ」っていうか……、「心残り」は、最後までありました。

われわれは、死ぬことで、軍人としての恥《はじ》をそそぐことができるけれども、彼らが、そのあとどうなるのかっていうことですね。

アメリカと日本の間にあった「工業力の差」

里村　そうすると、中将が持たれている「無念さ」というものは、ひとえに……、もちろん、戦いの意義はあったのだけれども、沖縄県民にそれなりの数の犠牲を強《し》いたということ、彼らが亡くなったということにあるのですか？　「彼らを護り切れなかった」ことに対して、無念の思いが残っていらっしゃると理解してよろしいでしょうか。

牛島満　事実上、「原爆」と、まあ、「東京大空襲」も厳しいですが、それらを除けば、県民ごと攻撃《こうげき》の標的にされたっていうのは、沖縄だけでしょうからね。

もちろん、広島には、呉《くれ》の軍需《ぐんじゅ》工場等もありましたから、ああいうところが爆撃されることについては、みんな予想はしてたと思いますし、長崎《ながさき》もそうですね。造船所がありましたからね。それらについては分かりますけれども……。

沖縄県民に「一般《いっぱん》の人たちが住んでいるところまでやられた」っていうことに対する被害意識、「本土に比べて、余計に被害を被《こうむ》った」っていう意識が残ったっていうことは分かります。

それは、すべて、私たちの作戦、指揮の問題で、要するに、「どのくらいの敵軍に対して、どれだけの備えが必要であったか」ということですね。ただ、沖縄全体を陣地化してやるにしても、もはや資材も工作機械も、十分にはなかったんですよ。

沖縄を陣地化することはできたかもしれません。あの旅順《りょじゅん》のようにね。日清《にっしん》戦争のときには簡単に落ちたものが、日露《にちろ》戦争のときには落ちなかった。それは、ものすごいコンクリートの壁《かべ》で要塞《ようさい》ができていましたからね。

里村　ええ。

牛島満　だから、乃木《のぎ》将軍は大変ご苦労をされました。

それと同じように、時間と、そうした工作機械と、材料があれば、沖縄に強力な防衛陣地を築ける可能性はあったとは思うんですけども、残念ながら、それだけの力はもうなかったということは事実ですね。彼我《ひが》の工業力の差には、もういかんともしがたいものはありました。

里村　ええ。

牛島満　一万機を超《こ》える世界最高のゼロ戦を持ち、開戦時には、世界最高の空母部隊と巨大《きょだい》戦艦を持ちながら、敗れ去ることの無念は、何とも言えません。

力の限りを尽《つ》くして見せた「防衛戦」が意味したもの

里村　牛島中将は、「早く大東亜《だいとうあ》戦争を終結させて、ソ連に対する備えを強めるべきだ」というお考えだったという説も遺《のこ》っているのですが、やはり、そのようにお考えでいらっしゃったのでしょうか。

牛島満　私は、沖縄のほうを担当してましたので、北方についてまで意見を言う立場にはありませんが、後《のち》に（霊界で）伝え聞いたことによれば、「終戦の詔《みことのり》」が出されたのちにも、数十万の人がシベリアに抑留《よくりゅう》され、十年ぐらい強制労働を受けて、非常に厳しい目に遭《あ》ったとのことです。

だから、「沖縄も、そんなふうになるかな」と思った面は、やっぱりあったことはあったので……。

里村　ええ。

牛島満　ソ連も大変なことであったかなというふうには思うんですが、いずれにしても、残念は残念です。

ただ、現代の問題まで話を持ってくると、私《わたくし》にそれを語る資格があるかどうかは、十分には分かりません。何と申していいか……。

綾織　先ほど、「県民ニ対シ後世特別ノ御高配ヲ賜ランコトヲ」という大田中将の言葉もありましたが、お気持ちとしては、おそらく、牛島中将も同じだと思います。

沖縄県民に対する「御高配」というものを考えたときに、牛島中将は、今、何が必要だと考えますか。あるいは、県民に対してできることは何だと思われるでしょうか。

牛島満　今上《きんじょう》天皇も、皇太子の時代から合わせて十回ぐらいは沖縄に来られているとのことでございます。慰霊《いれい》の気持ちは、そうとう大きかったと聞いていていますし、幼少時に特攻が始まったときにも、「なぜ特攻しなければならないのか」と思われたとも聞いております。

日本が負け戦のなか、当時の陛下（昭和天皇）の周りには、まだ「本土決戦」を主張する人たちが数多くおられたと聞いておりますし、まあ、当時の軍人の気持ちから見れば、やはり本土決戦をするつもりはあっただろうと思うんです。

だから、天皇陛下が、ご聖断《せいだん》でそれを終わりにされたということは、たいへん重要なことであったと思います。

ただ、その前に、私どもが力の限りを尽《つ》くして、「防衛戦というものは、どういうものであるか」ということをお見せしたということが、本土の人たちにとっては、自分たちの未来を予想する意味で、重要であったのではないかと思っています。

「尊い人命」は失われたと思いますけれども、「日本の誇《ほこ》り」は護ったつもりです。

里村　それが、「護ったもの」でございますね？

牛島満　はい。

5　現在の「沖縄《おきなわ》米軍基地問題」をどう見ているか

「米軍が沖縄《おきなわ》を護《まも》ってくれることは、ありがたいこと」

綾織　現代の問題についてもお伺《うかが》いしたいのですが、沖縄《おきなわ》の方々は、「自分たちが犠《ぎ》牲《せい》になった」という思いから、米軍に対する反対運動をし、日本の政権、政府に対しても、非常に複雑な気持ちを抱《かか》えていらっしゃいます。

また、直近では、「普《ふ》天《てん》間《ま》問題」というものがありまして、米軍基地を移転しようとしているわけですが、翁《お》長《なが》知事をはじめ、反対をしている状況《じょうきょう》です。

こうしたことについては、どのようにご覧になっていますでしょうか。

牛島満　うーん。やはり、地政学的に見て、沖縄が〝危険な地帯〟であることは、これからも変わらないところだと思います。

里村　はい。

牛島満　米ソの冷戦が終わったあと、米国一国支配が続くと思っておりましたけれども、中国が覇権《はけん》を求めて、今、大きく動き始めていることは事実でしょう。

そのため、「米中が激突《げきとつ》するとすれば、また沖縄が戦場になる可能性が高い」というような読みは、当然、あってしかるべきでしょうね。沖縄県知事が、「それを避《さ》けたい」と考えておられるということは、まあ、気持ちとしては分からないこともありません。

そして、沖縄を攻撃《こうげき》の対象にするとすれば、「米軍基地があるから」ということを言い訳に使うということでしょうね。

里村　はい。

牛島満　うん。だから、まあ、分かりますよ。

ただ、今は、アメリカ軍が日本を占領《せんりょう》しようとしているわけではないということも事実なんだとは思うんです。今、アメリカ軍は、日米安保《あんぽ》条約に基《もと》づいて、日本を護《まも》るという片務的な義務を負って、沖縄に駐在《ちゅうざい》されています。

里村　はい。

牛島満　それは、万一《まんいつ》、沖縄および日本に重大なことがあったときに、アメリカ軍の若い兵士たちが、命を投げ出してくださるということですね。

尖閣《せんかく》問題等もありますし、ここは、いつ軍事的な衝突《しょうとつ》が起きてもおかしくない箇所《かしょ》ですけども、かつては沖縄を攻《せ》めた米海兵隊が、今度は、尖閣を護るために活躍《かつやく》してくださるということになるわけですから、日本にて独自の対策がとれないうちは、それは、ありがたいことであるのではないかと思います。

「国民が奴隷《どれい》状態に置かれる屈辱《くつじょく》は、
絶対に味わわせるわけにはいかない」

里村　その点について、先般《せんぱん》、現職である翁長《おなが》知事の守護霊《しゅごれい》は、一生懸命《いっしょうけんめい》、「米軍基地があることでもって、沖縄の戦争は続いてるんだ。占領され続けてるんだ。だから、ヤンキー・ゴー・ホームだ」というように言っていましたが（前掲《ぜんけい》『沖縄の論理は正しいのか？――翁長知事へのスピリチュアル・インタビュー――』

参照）、牛島中将のご見解は、それとは違《ちが》うわけですね？

牛島満　戦後の新憲法である日本国憲法に基づいて、「戦争を放棄《ほうき》して、平和な国をつくる」ということは、まあ、結構なんだけれども、鎖国《さこく》状態なら、それは可能かもしれませんが、今は鎖国状態ではないし、周りは、軍隊を持っていない国ばかりではないということですね。

里村　はい。

牛島満　というよりも、「事実上、軍隊を持っていない国は、ない」ですわね。

里村　ええ。

牛島満　中国は言わずもがなで、今、私は、「北朝鮮《きたちょうせん》であっても、近年中に、核《かく》ミサイルを数十基からそれ以上、持つことになる」とも伝え聞いておりますけれども、場合によっては、彼らは、「ボタンを押《お》せば、日本は壊滅《かいめつ》するぞ」という脅《おど》しをかけることによって、日本を降伏《こうふく》させることだってできるわけですから。

里村　はい。

牛島満　それに対して、何らかの対策がなかったら、それは、国家の指導者としては不十分でしょうね。

『温家宝守護霊が語る 大中華帝国の野望――同時収録　金正恩守護霊インタヴュー――』（幸福実現党）

里村　ええ。

牛島満　もし、国家の指導者が、「それは北朝鮮の勝手である。われわれは非武装で平和を守る」と言うのであるならば、これを指導者として放置しておけないと思います。

里村　はい。

牛島満　今、私が生きていて、自衛隊にいたとしたら、クーデターを起こします。クーデターを起こしてでも国を護ります。

向こうが、「ボタン一つで日本を滅《ほろ》ぼせる」っていうんだったら、それを放置できません。絶対にできません。やっぱり、何としても「防衛」しなければ。何百万の人が死んだり、国民が奴隷《どれい》状態に置かれたりするような屈辱《くつじょく》は、絶対、味わわせるわけにはまいりません。

里村　はい。

牛島満　先の戦争で敗れたがゆえにこそ、「防衛」については、もっと慎重《しんちょう》に考えなければいけないと思っています。

里村　なるほど。

「日本が戦争をしていなくても、沖縄《おきなわ》は取られていた可能性が高い」

里村　ただ、今の日本はまったく逆であり、戦後七十年の間に、「防衛ということを考えること自体が危険なんだ」という方向に行っていますが、こうした日本の世論《よろん》などについては、いかがお考えでしょうか。

牛島満　まあ、これは、〝せめぎ合ってる〟ところだとは思うんですけどね。「米軍さえなくなれば平和な国になる」というように思ってる人たちがいるけれども、軍事においては、いつも仮想敵というのがあるわけでして……。

里村　はい。

牛島満　先の大戦の前、日米戦争の四十年も前に、「日米がぶつかるかもしれない」という予想は立っていたんですよ。

四十年前に、「日米は、いずれ激突するだろう」と予想されていて、アメリカのほうも、そのつもりで作戦は立てていましたし、日本のほうも、「米軍は、ハワイ、グアム、フィリピンと取っていて、必ず、台湾《たいわん》も沖縄《おきなわ》も取りにくる」っていうのは予想がついていたことなので。まあ、言い訳がましいかもしれませんが、先の大東亜《だいとうあ》戦争の最終戦として、沖縄戦がなかったとしても、「沖縄が米軍に取られていた可能性は、極《きわ》めて高い」と思います。

里村　なるほど。

牛島満　もし、日本が「非武装中立」、あるいは、「平和国家」を称《しょう》して、「戦わない」ということを国際的に宣言してやっていたとしても、取られた可能性は高いと思います。

里村　ええ。

牛島満　ほかの外国が、救いに来たとは思いません。「中国の懐《ふところ》に入れば沖縄《おきなわ》は襲《おそ》われない」と考えている翁長《おなが》知事

綾織　この基地問題をどう解決するかによって、日本の命運が決まってくるようなところがあります。

この「複雑な被害者《ひがいしゃ》意識のなかでの基地反対運動」というのがあるのですけれども、「沖縄《おきなわ》の方々の気持ちを、ある程度鎮《しず》めながら、この問題を解決していく

道」というのは、何かあるものなのでしょうか。

牛島満　まあ、膨張《ぼうちょう》していく中国……、経済的にも膨張し、軍事的にも膨張している。そらあ、感じてるでしょう、ひしひしと。（距離《きょり》が）近いからね。

里村　はい。

牛島満　「その被害が直撃するなら、やっぱり、嫌《いや》だと思っている」ということだと思うんですけどね。うーん……。まあ、それは、運命といえば、運命だわね。だから、今の知事は、どちらかといえば、中国に尻尾を振るかたちで迎合しようとしていると思います。「懐《ふところ》のなかに入ってしまえば、襲《おそ》われないで済む」という考えてるスタイルだと思います。これは、「いち早く白旗を揚《あ》げる」ということだと思いますね。

里村　はい。

牛島満　「琉球《りゅうきゅう》独立運動をにおわせてでも、沖縄は中国に擦《す》り寄っていくので、戦うなら、日本の本土のほうと戦ってください。沖縄とは戦わないでください。日中戦争があるようなことがあれば、沖縄は、もう、いち早く白旗を揚げて、非武装地帯にしますので」ということです。

まあ、戦略的には、「米軍基地さえなければ、それができると考えている」ということだと思いますね。

〝バリネズミ型防衛構想〟を立て、中国に対抗《たいこう》している台湾《たいわん》

里村　奇《く》しくも、四月十二日から、沖縄の現職知事、翁長《おなが》知事が訪中されまして、観光客の誘致《ゆうち》をはじめ、いろいろな誘《さそ》いに行くという状況でございます。

加えて、これもまた奇しくもですけれども、先日、翁長知事の守護霊が「沖縄独立論」を言いましたら（前掲『沖縄の論理は正しいのか？――翁長知事へのスピリチュアル・インタビュー――』参照）、本日発売の一部週刊誌に、「沖縄独立論」の具体的な工程、あるいはプロセスまでが出ていました。

このように、今は、状況が急に変わっているところでございますけれども、この「沖縄独立論」については、いかがお考えになられるでしょうか。

牛島満　経済的な面だけを考えれば、（沖縄は）中国に近いところですし、台湾《たいわん》

が、すごく防衛を固めてますのでね。
今、台湾が、中国からの侵攻《しんこう》に備えてるけど、軍人として分析《ぶんせき》するかぎりは、かなりのものですよね。たぶん、五十万人ぐらいの軍隊を持っているし、ミサイルも、そうとう持ってますよね。
だから、中国が台湾を本気で攻略しようとしたら、そうとうな被害が出るはずです。

里村　はい。

牛島満　中国の、経済的に豊かな南部の部分に、ミサイルをそうとう撃《う》ち込《こ》まれるし、また、米国製の攻撃機で、中国南部の都市がそうとう破壊されることは予想されるので、中国側の被害も、そうとう大きいと思います。

まあ、全力でやれば、台湾を取れるかもしれないけれども、ただ、あとはもう、廃墟《はいきょ》になる可能性がある。

台湾は、今、そういう〝ハリネズミ型の防衛構想〟を立ててますねえ。

里村　はい。

牛島満　「近寄れば向こうにも針が立つ」というかたちで、「台湾を取ってもいいけど、無理やりに取ったら、そこには、もう、取るべき経済的繁栄《はんえい》は残らないぞ。それでもやるか」というかたちでやってますよねえ。

もし、あのくらいの防衛力が当時の沖縄にあれば、沖縄は、もっと善戦することができたとは思います。

牛島中将が語る東アジアの未来予測

牛島満　台湾のほうは、対岸からの攻撃に対して、それだけの防衛網《もう》を敷《し》いて、また、米軍も頼《たよ》りにしているなかで、沖縄のほうだけ非武装化が進んでいったらどうなるかということですが、軍事的に見れば、取りやすいほうから取っていきますので、まずは沖縄を占領しますわね。絶対。沖縄を占領したら、台湾は、もう〝挟《はさ》み将棋《しょうぎ》〟と一緒《いっしょ》です。

里村　ええ。

牛島満　簡単に台湾は……。この「両側から攻撃される」っていうのは、たまったもんじゃないので、〝挟み将棋〟で取られてしまう状態になりますねえ。

だから、もし、「台湾が、アメリカ寄りの、西側の陣営《じんえい》に属することを維持《いじ》する」というのであれば、やっぱり、沖縄のところを〝空《から》〟にすることはできないでしょうね。

これは、石油輸送のシーレーン（海上交通路）の問題に関係するところだと思いますが、今は、インドや周辺諸国も、「中国にシーレーンを取られるかどうか」のところについては、非常に神経質になっていると思います。

まあ、こういう未来予測は非常に難しいのですが、軍事的観点から言うと、台湾のあれだけの防衛を見れば、アラブ諸国から襲われることを恐《おそ》れているイスラエル並みの防衛を考えているようには見えますので、これは、「沖縄に、自衛隊なり米軍基地なりがある」ということが、その担保にはなっていますよね。

だから、「（沖縄の）米軍基地を撤去《てっきょ》させる」っていうことは、「台湾が落ちる」ということを意味していますし、「香港《ホンコン》が北京《ペキン》と同じ体質に変わる」ことを、たぶん、意味していると思います。

「香港、台湾、沖縄と、これらが三つとも落ちる」と思います。

里村　うーん……。

牛島満　「(沖縄が)中国の一部になってよいか」ということを、住民投票で決めなきゃいけないんじゃないでしょうか。

6　沖縄が中国に取られたらどうなるか

沖縄が中国の自治区になったとき、何が起こるのか

酒井　今の話の流れで、今、沖縄は、軍事基地を県外に出そうとしていますけれども、もし、中国が沖縄を一自治区とした場合、沖縄は、逆に軍事要塞《ようさい》になるのではないかと、私は危惧《きぐ》しています。それについては、どのように予想されますでしょうか。

牛島満　うーん。まあ、アメリカの第七艦隊《かんたい》が主力ですからねえ。「第七艦隊と戦う」ということですが……。

確かに、中国南部の海南島《かいなんとう》が軍港ですから、第七艦隊は海南島への攻撃《こうげき》を考えているはずですけれども、（沖縄が中国の自治区になることは）海南島への攻撃が、台湾《たいわん》への攻撃や沖縄への攻撃のほうにシフトしていくことを意味しているわけだから、中国としては、安全圏《けん》が増える、つまり、「絶対国防圏」が広がるわけですね。

里村　ああ、本土から、より遠くまで行くわけですね？

牛島満　現在、日本の一部になってい

中国南部の海南島付近。海南島は中国最大の島であり、軍事戦略上の要衝地とされる。

るところが「戦闘《せんとう》の地」になることは、中国にとっては有利なことですわね。

里村　ああ……。

牛島満　そういうことになりますねえ。

里村　はい。

牛島満　だから、今、（軍港は）海南島になってるけども、このへんは観光都市でもありますので、沖縄のほうに、中国の軍艦がつながれることになると思う。

いずれにせよ、軍事的衝突《しょうとつ》が起きるのなら、逃《に》げることはできないですから、最終的には「（アメリカか、中国かの）選択《せんたく》の問題」になるでしょうね。

「日本は、国全体として新たな危機を迎《むか》えている」

里村　そうすると、沖縄の独立論なども、空理空論《くうりくうろん》といいますか、やはり、空想の域を出ない話であると、今、私は改めて思いましたけれども、そのアメリカも、オバマ大統領になってからは、少し以前と動きが違《ちが》ってきまして、「世界の警察官をやめる」などという動きも見せています。
「はたしてそれが、世界平和につながるのか、そうではないのか」というあたりについては、中将は、どのようにお考えでしょうか。

牛島満　まあ、私には、そんな難しいことは、もう分かりません。現代の世界情勢までは、私には分かりません。分かりません。私に分かることは、うーん……。
ただ、「日本は、国全体として、今、新たな危機を迎《むか》えている」ということだけは、私には分かります。

里村　はい。

牛島満　「こうしたなか、どうやって日本文明を護《まも》るかということは、そんなに軽々しいことではないんだ」ということです。

里村　うーん。

牛島満　中途半端《ちゅうとはんぱ》に護れば、いたずらに犠牲者《ぎせいしゃ》を出して、悲惨《ひさん》な負け方をするし、「まったく非武装中立だったら安全か」っていえば、世界は必ずしもそういう状態にはないと思われます。

　ですから、「本格的な軍隊をなくすことが平和だ」と考える人が政治の主力になるのであれば、「一般市民《いっぱんしみん》が、それこそ、竹槍《たけやり》で市街戦をやらなきゃいけない状態になる」ということです。

　プロの軍人であるわれわれでも護れなかったですけれども、「いざというときには、一般市民が各自、自宅に銃《じゅう》を持って護る」とかいうレベルであれば、軍事的な侵攻《しんこう》をかけてくるところに対しては、もはや無力そのものであります。

　まあ、軍隊そのものを悪だと思っているなら、それは、やはり、今で言えば、生命保険とかに入っていないのと、ほとんど同じになると思いますよ。

「中国は、国家丸ごと情報戦を行っている非常に危険な国」

綾織　軍事的な面で、そういう侵略が始まっているわけですけれども、思想的には、すでに、歴史問題などでかなり〝侵略〟されている状態です。

牛島中将は、南京《ナンキン》戦にも参加されているというように伺《うかが》っているのですけれども、「ここで大虐殺《だいぎゃくさつ》があった。日本軍は、二十万、三十万人の市民を殺したのだ」と言われ、今、中国は、それをユネスコ記《き》憶《おく》遺産として登録しようと動いています。

牛島満　うーん、だから、この国（中国）は信じちゃいけない。

里村　はああ。

牛島満　この国はねえ、ないことをあることにして、

〈左から〉『天に誓って「南京大虐殺」はあったのか』『南京大虐殺と従軍慰安婦は本当か』『従軍慰安婦問題と南京大虐殺は本当か？』（いずれも幸福の科学出版）

誇大《こだい》に発表しますから、信じちゃいけないです。そういう事実は、まったくありません。

里村　はい。

牛島満　それどころかですね、まあ、最近の毛沢東《もうたくとう》下での大虐殺ですね。同胞《どうほう》の大虐殺についても、詳《くわ》しいことは全然分からなくて、外には美化された話ばっかり流されて、朝日新聞以下、多くのマスコミが、それに騙《だま》され、日本の政治運動も騙されていたと思われます。

また、文化大革命等でも、一千万からの人が殺されたと言われていても、実態が分からないし、最近は、天安門《てんあんもん》事件等でも、ずいぶん殺されたと聞いていますけれども、実態はさっぱり分からない。

里村　はい。

牛島満　こういうふうに、内容が全然分からない状況《じょうきょう》のところで、日本を責める過去のものにだけ、非常に具体的に大きな数字が出てくる。これは、「〝国家丸ごと〟情報戦をやっている状況」かと思いますので、私は、とても危険な国だなというふうに思っています。

また、中国には、ある意味での、「国家総動員体制」が出来上がっているので。

里村　あちらには、ですね。

牛島満　はい。もう、あっちは、国家総動員体制だと思います。

〝国家丸ごと〟洗脳している状態ですので、それこそ、「民主主義」や「報道の自由」とかいうもので、人々の言論で、内部から浄化《じょうか》していくように持っていかなければいけない。そういう思想戦がなければいけない。

「国として大きいから、もう大国なんだから、言うことをきかない」っていうふうに持っていかれると、危険だなあというふうに思いますね。

だから、アメリカがこのまま衰退《すいたい》すれば、「（中国は）そのまま、ただただ肥大化していく」っていうのも、可能性としてはあると思います。

まあ、新しい歴史がどうなるかは、いずれ、そのへんで分かるんでしょうけど、私自身には、もう、それを解決する能力はありません。

ただ、言えることは、「沖縄が、中国に救いを求めていっているという状態が、極《きわ》めてまずい状態であることは間違いない」ということです。もうすでに、敗れた状態になろうとしているということですので。

里村　ええ。情報戦とか、思想戦まで入れると、もう始まっているわけですね。

牛島満　とっくに始まっていると思います。

里村　では、緒戦《しょせん》において、日本はもう負け始めている……。

牛島満　うん。だから、沖縄における反米感情を上手に使われている。

里村　ええ、ええ。

牛島満　沖縄の「反米感情」と、「反本土感情」、あるいは、「厭戦《えんせん》感情」を上手に使われて、中国のほうに取り込《こ》まれていきつつあると思うし、日本の左翼《さよく》思想も、上手に手玉に取られているようには見えますね。

7　日本があの戦争を戦った「本当の意味」

大東亜《だいとうあ》戦争は、客観的に見れば「覇権《はけん》戦争」であった

綾織　先の戦争、大東亜《だいとうあ》戦争全体についても、お伺《うかが》いしたいと思います。

牛島中将は、もちろん軍人ではあるのですが、そのなかでも教育者として、陸軍士官学校の校長もされていました。そのときに、ビルマ（現ミャンマー）から留学生を受け入れて教育し、国としての独立心のようなところも教えられたと思います。その人たちが何十人といたわけですけれども、国に帰って、「ビルマ独立の志士」になっていったということもありました。

ただ、この日本が大東亜戦争を通じて目指したものは、今あまり語られないよ

うになって、日本としての誇《ほこ》りというものが、やや失われかけているところもあります。

そこで、この大東亜戦争全体についてのお考えというのも、お伺いできますでしょうか。

牛島満　まあ、七十年たった今を考えますと、もう、主語もなく、誰《だれ》が悪いかもなく、「悲惨《ひさん》なことがありました」というふうなかたちで語られるようにはなって、「多くの命が失われまして、遺憾《いかん》です」というような話になっている。「誰が悪い」とも言わず、そういうかたちになっているんだとは思いますけどもね。

やっぱり、客観的に見れば、「覇権《はけん》戦争だった」と思いますよ。でも、太平洋の裏側から来たのはアメリカであったので。こちら（日本）のほうがアジアに本《ほん》拠地《きょち》があったわけですから。「絶対的防衛圏《けん》」とか言ってましたが、「国防圏」とか言ってましたけれども……。

いや、それは防衛の観点から戦ったことは間違《まちが》いないし、継戦《けいせん》能力がやっぱり十分でないために、ある意味での電撃攻撃戦《でんげきこうげき》で、いろんな島嶼《とうしょ》を奪《うば》っていったことは事実ではありますけれどもね。

まあ、「長くやれば、アメリカの工業力に勝てないだろう」っていうことは予想はされていたので、早めに終わらせるつもりで、二年以内で終わらせるつもりでいたんだろうとは思うけど、長引いてしまいましたね。

だから、日本の底力《そこぢから》そのものは、本当はこんなもんではないと私は思ってます。

里村　はい。

牛島満　今、中国が「航空母艦《ぼかん》をつくってる」とか、いろいろ言っていますけれども、（日本は）今から七十年以上も前に、世界初の「空母による機動部隊」をつくって、アメリカに決戦を挑《いど》んだ国ですのでね。中国に後《おく》れを取るようなことは、たぶんなかったと思いますけどもね。

ただ、思想的に押《お》さえられてるところ……、これは中国からも押さえられてるし、アメリカからも押さえられてる面があります。

里村　うん、うん。

牛島満　「日米安保《あんぽ》があるから、護《まも》ってやるから、おまえたちは何もしないでいいんだ」ということで、押さえられた面はあるかと思いますけども。

まあ、それはあっても、友軍《ゆうぐん》があっても構わないとは思うのですが、やっぱり、「自分の国は、自分で護る」という思想、これを捨てた人は、奴隷《どれい》になっても文《もん》句《く》は言えないと思わなければいけないんじゃないでしょうか。

第二次大戦前、日本は「アジアの雄《ゆう》」であった

牛島満　もちろん、三百万人ぐらいの（日本の）方は亡《な》くなったかもしれませんが、約八千万人の人は生きたんですから、「国全体が滅《ほろ》びたわけではないんだ」ということは知っていただきたいし、「数百年にわたる、欧米《おうべい》列強の植民地略奪《りゃくだつ》戦争は（第二次大戦で）終わった」ということは事実ですよね。

里村　はい。

牛島満　だから、「イエロー・モンキー」と言われていたわれわれが、ここまで戦うことによって……、やはり、彼ら（欧米人）は戦いを通して、「英雄《えいゆう》か、英

雄でないか」を見分ける習慣がございますから、「われわれ（欧米人）とここまで戦う」というか、恐怖《きょうふ》、戦慄《せんりつ》せしめたということに対して、「畏敬《いけい》の念」は持っていると思いますよ。

里村　はい。

牛島満　今、イスラムがまたゲリラをやって、テロをやって、敵になりつつあるのかもしれませんけど、これは「日本のまねをしている」という言い方もありますけれども、（日本の戦いは）〝イスラム・テロ〟のようなものではありませんでしたから。われわれは、「正々堂々の軍隊としての戦いで雌雄《しゆう》を決せん」としたわけですので。

まあ、軍事思想的に足りざるところがあって、負けたんだとは思いますし、

「国力そのものが（アメリカの）五分の一、十分の一しかなかった」っていうのは、そのとおりでありますけども。

だから、悔《くや》しい面はいろんなところで、多々、多々ございます。もう、いろんな作戦の一つ一つ、海戦の一つ一つ見るにつけても、悔しいところはたくさんありますけれども。

ただ、世界史的に見たら、欧米の大航海時代から始まったアジア・アフリカの植民地……、アフリカを切り取っていったのはヨーロッパでしょう？

里村　はい。

牛島満　ケーキのように切り取り、アジアに来てインドに百五十年も辛酸《しんさん》を嘗《な》めさせていたのは、あの小さな島国、イギリスでしょう？　あの海軍力と経済力でもって、百五十年、（インドを）奴隷状態に置いていた。アメリカも、アフリカからの黒人を奴隷として、長らく使ってたんでしょう？　今も差別は続いてると思いますけどね。

それで、中国自体だって切り取られて、植民地化してたんでしょう？

でも、そのなかで「アジアの雄《ゆう》」として日本が力を持ってきて、「国際的には、アジアの方面は、日本にある程度委《ゆだ》ねておいてもいいのではないか」と思われるぐらいの良識と経済力、軍事力を持っていたということが、第二次大戦前の日本の置かれた状況《じょうきょう》ですね。だから、日本の軍事的状況については世界的に見ても、ある程度、そうあるべき姿ではあったと思うので。

「日本には吉田松陰《よしだしょういん》がいたが、中国には吉田松陰がいなかった」

牛島満　まあ、今、韓国《かんこく》から卑劣《ひれつ》な言われ方をしたり、中国からも言われているけれども、（韓国・中国は）自分たちが、そうした植民地になるような状態をずっと続けてきたことに対して、自力でもって欧米を追い返すことはできなかった。明治維新《いしん》を成し遂《と》げて、欧米に立ち向かおうとした日本に対して、自分たちが敵《かな》わなかったことへの、正式な、正確な歴史認識はなかったんではないかというふうに思いますよ。

里村　はい。

牛島満　だから、「日本には吉田松陰《よしだしょういん》がいたが、中国には吉田松陰がいなかった」ということですよ。

8　沖縄戦を戦い抜《ぬ》いた牛島中将の使命とは

なぜ牛島中将が沖縄で自決することになったか

里村　先の戦争について、沖縄戦、あるいは、すべての戦争を含《ふく》めて、「侵略《しんりゃく》戦争である」とか、「国民を不幸に招き寄せた」とか、本当にこれが悪いことだったかのように言われています。ひいては、それが現代においても、アメリカからの〝押《お》し付け憲法〟を改正することへの大きな障害になっております。

やはり、「今、そういう考え方は改めるべき時期に来ている」ということでよろしいでしょうか。

牛島満　やっぱり、「勇気」の問題じゃないでしょうか。「国家として独立する」ということの大切さを知るべきじゃないでしょうかね。

だから、「米軍基地を撤去《てっきょ》したい」とおっしゃるなら、そのあとの構想はどうされるのかを明確にするべきだと思います。沖縄県知事に関してはね。

里村　はい。

牛島満　自分が選挙を有利にするためだけに、そういうことを言うのはちょっと邪道《じゃどう》で、国の御政道《ごせいどう》を誤ることになりかねないというふうに思います。

われわれがやったことを、「狂気《きょうき》の犬死《いぬじ》に」のように言うことは……、まあ、後世の人にとっては自由に発言されることは結構だけども、鹿児島《かごしま》県人である私が、沖縄で自決しなければいけなかった理由はどこにあるか。それは、「沖縄県人を日本人だと思っていたから、戦って死んでいったんだ」ということです。それを忘れないでいただきたいなと、私は思ってます。

「私は、日本の神々を護《まも》るために戦った」

里村　「国を護《まも》る」という気概《きがい》を、今ひしひしと感じております。

ペリリュー島で亡《な》くなった中川州男大佐《なかがわくにおたいさ》は、先般《せんぱん》の霊言《れいげん》で、「憎《にく》しみではなく、愛があるからこそ、あれだけの環境《かんきょう》で二カ月以上、戦い続けた」とおっしゃっていました（前掲《ぜんけい》『パラオ諸島ペリリュー島守備隊長 中川州男大佐の霊言』参照）。

やはり、沖縄も、あのような補給がない状態で、護ろうとして戦われたと思います。牛島中将を支えたものは、何だったのでしょうか。

牛島満　私は、神々を護ろうとしていました。日本の神々を。

里村　えっ……？

牛島満　日本の神々です。これだけ神々が多い国っていうのは、世界にも稀《まれ》な国だと思います。

里村　ああ……。

牛島満　アメリカで神様を挙げてごらんなさいよ、あなた。誰《だれ》がいますか。

里村　うーん……。

牛島満　挙げられますか？　アメリカには神様がいますか？

里村　うーん……。

牛島満　ね？　だから、ヨーロッパの国だってありますけども、神様はどれだけいますか？　どの国にどれだけの神様がいますか？　日本の神様はたくさんいますよ。

里村　はい。

牛島満　この日本っていうのは、「世界史の奇跡《きせき》」なんです。世界史のなかで、これだけ神々に護られて、繁栄《はんえい》を続けた国家というのは一つしかないんです。

「この国を終わらせてはならない！」っていう信念、この一つが私を戦いに赴《おもむ》かせたわけです。

だから、この国の「国体」を維持《いじ》できたということは、私としては、「何回死んでも、悔《く》いがないものだ」と思っています。

里村　はい。

「沖縄《おきなわ》は、古代から日本と一体です」

綾織　神々のお考えとして、「沖縄《おきなわ》まで含めて、平和に繁栄させるという責任感を持っている」と考えてよろしいのでしょうか。

牛島満　もちろんです！　沖縄まで思っておりますし、それは、『古事記《こじき》』の世

●何回死んでも……　牛島中将は、「矢弾尽き　天地《あめつち》染めて散るとても　魂還《たまかえ》り魂還り　皇国《みくに》護らん」という辞世の句を遺している。

界にも書かれているとおりです。
●豊玉姫《とよたまひめ》が里帰りしていた島は、沖縄です。

里村　おお……。

牛島満　ですから、沖縄と日本は、古代の『古事記』『日本書紀《にほんしょき》』の時代から一体です。

里村　今のお言葉は、本当に、高天原《たかまがはら》の神々のお言葉を聞いた感じがしております。

豊玉姫の霊言において、嫁入りのために、沖縄に近いほうから、山幸彦の住む日《ひ》向《むか》の地（現在の宮崎県付近）まで来たという証言がある（『竜宮界の秘密』〔幸福の科学出版〕参照）。

『竜宮界の秘密』
（幸福の科学出版）

牛島中将が語る「自《みず》らの使命」

里村　もう、お時間も迫《せま》ってきたんですけれども、改めてお伺《うかが》いいたします。先般、翁長《おなが》知事の守護霊《しゅごれい》が、今、牛島中将が、あたかも〝迷って〟いるかのように申しておりましたけれども（前掲《ぜんけい》『沖縄の論理は正しいのか？——翁長知事へのスピリチュアル・インタビュー——』参照）、中将ご自身は、今、どういうところにいらっしゃるのでしょうか。

牛島満　いや、もう、何と言われようとも、私は、しかたがないと思っています。大勢の方々の恨《うら》みがある以上、私は、何と言われてもしかたがない。「無能」と言われようと、「残酷《ざんこく》」と言われようと、「非道《ひどう》」と言われようと、「戦争犯罪人」と言われようと、もう、何と言われようと、言い逃《のが》れをする気はありません。

もし、終戦まで生き延びたとしても、おそらくは、戦犯として処刑《しょけい》されていたであろうと思われますので、いずれなき命、数カ月、一年延びるかどうかだけの命だったと思います。

ただ、具体的には、皇室を護るということではありましたけれども、本質的には、「この神々の幸《さきわ》う国・日本を護る、護り抜《ぬ》くということが、私の使命であった」ので。

そのために、この命を捧《ささ》げたということでありますので、まあ、悲惨《ひさん》な戦いではありましたが、うーん……、この麗《うるわ》しい日本の国が、今も生き延びて繁栄しているということは、とてもうれしいことだと思っております。

里村　はい。

9　沖縄の人々に伝えたいこと

「沖縄を護《まも》るために戦った私たちの無念の気持ちを、無にしないでいただきたい」

牛島満　翁長《おなが》知事が何と言おうと、それは結構です。

ただ、沖縄を救うために出撃《しゅつげき》し、砲台《ほうだい》になろうとした戦艦大和《せんかんやまと》の三千人を超《こ》える乗組員や、それから、砲弾尽《ほうだんつ》きても、戦い続けた私たちの、その無念の気持ちを、どうか、無にはしないでいただきたいと思います。

「沖縄を、日本の一部として護《まも》り続けよう」と思って、命を捧《ささ》げた軍人が、全国から沖縄に来たし、特攻《とっこう》でも、いちばん多くの死者を出しているのではないかと思います。

里村　はい。

牛島満　自らの命を捧げて、敵艦に突《つ》っ込《こ》んでいく者の気持ちを分かってくださったら、われわれが沖縄を蔑視《べっし》したり、軽視したり、見捨てようとしたりしたわけではないということは、どうか、分かっていただきたいと思います。

その上で、大和《やまと》を、この日本を、悪い国だと糾弾《きゅうだん》なされるなら、その後、どういう国づくりを、琉球《りゅうきゅう》王国づくりを考えておられるのかを明らかにして、県民が、それでもあなたを支持してるのかどうか、問うていただきたいと、私は思います。

私は、今、生き返ることができたならば、日本刀を持って知事公舎に斬《き》り込みます！　許さない！（厳しい眼差《まなざ》しで口を固く結ぶ）

里村　はい。

「最後の一人が成仏《じょうぶつ》するまで、沖縄《おきなわ》の地で見守りたい」

綾織　今年、戦後七十年ですが、沖縄《おきなわ》戦で亡《な》くなられた兵隊の方、民間人の方は、たくさんいらっしゃって、おそらく成仏《じょうぶつ》されていない方も数多くいるかと思います。

　この方々に、この七十年という節目《ふしめ》の年に、何とか成仏していただくために、私たち生きている人間がやるべきこととして、どういうことがあるのでしょうか。

牛島満　まあ、七十年の時間というのは、けっこうなものですので、戦後の人口の増加、人口が四千万人以上増えていると思いますけれども、かなりの方は、早く散った命を、もう一度、（人生）実験するために、地上に生まれ変わってきた方は、かなりいます。

戦後の出産ブームで、数多くの方々が生まれ変わってきておりますので、いまだに迷っている方というのは、戦死者のなかで、もう十パーセントもいないと思います。そのぐらい減っていると思います。

ただ、「最後の一人が成仏するまで、私は、沖縄の地で、彼らを見守りたい」と思っています。

沖縄《おきなわ》の人々に伝えてほしいメッセージとは

里村　少し前になるのですけれども、幸福の科学の大川隆法総裁が沖縄《おきなわ》に行かれたときに、どうも、牛島中将が来られたようであるとのことでした（前掲《ぜんけい》『大川隆法政治講演集２００９　第４巻　志《こころざし》を崩《くず》さない』参照）。

牛島満　うーん……。

里村　冒頭《ぼうとう》にも、大川総裁から、そのようなお話があったのですが、やはり、来られたのは牛島中将でいらっしゃいましたか?

牛島満　まあ、挨拶《あいさつ》したことは、あるとは思いますけども……。いや、沖縄の地は、大川隆法総裁の御《ご》来県を、やっぱりお待ちしていると思います。

里村　はい。

牛島満　やはり、「この地を浄化《じょうか》してほしい」という気持ちは多いし、「この地の護りの光を強くしてもらいたい」という気持ちは、持っていると思います。

そして、もっともっと、われらが知りえないような偉大《いだい》な「世界の歴史」を、「計画」を、お持ちなんだと思いますので、どうか沖縄の人たちに、「勇気」と「希望」と、そして「正義とは何か」を教えていただければ、ありがたいと思います。

「奴隷《どれい》の平和を求めるなかれ」ということを、どうかお伝えください。

里村　はい。私どもも、グループを挙げて、今日の牛島中将の言魂《ことだま》を、しっかりと沖縄に、日本国民に伝えてまいりたいと思います。

いつの時代も神の国としての日本を護《まも》る役割を担《にな》っていた

綾織　おそらく明かしていただけないとは思うのですけれども、最後に、神々を護《まも》るというお仕事をされた方の、過去の転生《てんしょう》でのご経験というものを、もし明かせるものがあれば、お願いできればと思うのですが。

牛島満　（約十秒間の沈黙《ちんもく》）まあ、日本軍の伝統は、「敗れし者は語らず」ということですので。過去に名があろうと、なかろうと、そういうことは関係がありません。

牛島は戦い、敗れました。その責任から逃《のが》れるつもりはありません。ただ、その気持ちは、「日本の神々と、皇室の伝統を守りたい」という一心でした。「神の国としての日本を護りたい」という一心でした。

里村　はい。

牛島満　ですから、いつの時代も、そうした役割を担《にな》っていたものだと信じております。

綾織　はい。ありがとうございます。

里村　本日は、本当に、戦後七十年の節目の年に、貴重な言魂を賜《たまわ》り、まことにありがとうございました。

牛島満　はい。

10　日本の戦いの「殿《しんがり》」を任された牛島中将の霊言《れいげん》を終えて

牛島中将の気持ちを大切にしたい

大川隆法　（手を一回叩《たた》く）ありがとうございました（手を二回叩く）。まあ、立派な方ではあったのでしょうね、この方は。やはり、軍人としては最高レベルまで行っていた方に、「殿《しんがり》」というか、「最後の戦い」を任せた状態であったのだと思います。

里村　ええ。

大川隆法　戦艦大和《せんかんやまと》が沈《しず》んだあとに戦い続けるということのつらさは、分かりますよね。大変ですよ。もう勝てる見込《みこ》みもない……。

里村　はい、もう助けに来る者も救援《きゅうえん》部隊もないと分かっていたわけです。

大川隆法　もう勝てない。これは、もう日本が滅《ほろ》びるかもしれないという瀬戸際《せとぎわ》でしょう。

戦艦大和が敗れ、ゼロ戦が一機もなくなるような状況《じょうきょう》のなかで、まだ抵抗戦《ていこうせん》をやるという、このつらさは、本当に「殿」という感じですね。怒濤《どとう》のごとき敵軍を食い止められるかどうか。これは非常につらい重責を担《にな》ったのではないかと思います。

どのようにされておられるかは分かりませんけれども、「最後の一人が救われるまで、私は沖縄を離《はな》れない」「自分らの死は沖縄を護《まも》るためで、沖縄は日本の一部

●殿　退却する軍隊の最後尾にあって、追撃してくる敵を防ぐ役。

だと思っていなければ戦っていない」「沖縄を日本の植民地として支配していたつもりではない」ということを明確におっしゃっていました。

里村　はい。

大川隆法　その気持ちは大切にしたいと思います。

ただ、もっと七転八倒《しちてんばっとう》の苦しみなのかと思っていたら、そんな感じではなかったですね。理性的、悟性《ごせい》的、感性的に苦しんでおられるように思いました。

日本の「負の遺産」が消えるまで苦しむつもりなのではないでしょうか。

「今、生まれ変われたら、日本刀を持って知事公舎に斬《き》り込む」とおっしゃっておられましたので、この人の結論は明らかでしょう。「国を護るということは、バカにしたり、軽蔑《けいべつ》したり、蔑《さげす》んだり、揶揄《やゆ》したりできるような内容ではないんだ」

ということですね。それを知っていなくてはいけないのではないでしょうか。

里村　はい。

「日本の神々を護《まも》る」という新しい論点

大川隆法　また、新しい論点として、「日本の神々を護《まも》る」ということが出てきました。

里村　ええ。

大川隆法　もちろん、いろいろな見方はあろうかと思います。「あまりにも沖縄で戦ったから、原爆《げんばく》を落とされたのだ」というような言い方をする方もいるかもしれませんが、マッカーサーが、日本に対して、「ある種の恐《おそ》れ」を抱《いだ》いたことは事実でしょう。
実際、厚木《あつぎ》飛行場に降りるときに、足がガタガタ震《ふる》えていたと言われています。いかにして、かっこよく降りるか、練習までしていたというぐらいですから、やはり、日本の斬り込み隊が、一気に襲《おそ》いかかってくることを本当に怖《こわ》がっていたのでしょう。〝侍《さむらい》〟が百万人もいたら、大変なことになりますからね。

里村　はい。

大川隆法　だから、その勇猛《ゆうもう》さは、ある意味で（日本の国体を）護った面はあるのかと思います。
確かに、悲惨《ひさん》な戦いではあったけれども、戦後、世界の人口は増えていっていますので、何らかのかたちで、補償《ほしょう》機能は働いているのではないでしょうか。
ただ、こういうぶつかり合いを通して、「正しさとは何か」ということを、いろいろなかたちで勉強していっているのではないかと、私は思います。

里村　はい。

大川隆法　まあ、十分ではなかったかもしれませんけれども、一つ、残っている論点を今回の霊言《れいげん》で、やったということです。

（手を一回叩く）はい。

一同　ありがとうございました。

あとがき

人間の偉さとは、自分の生き様《ざま》が、歴史に与える影響とその責任をどこまで感じうるか、ということでもあろう。

私自身も自分の発言の一言《ひとこと》一言や著書の一冊一冊が、現在及び将来の日本と世界にどれだけの影響を及ぼし、責任が生じるかを考え続けながら、使命を果たしているつもりだ。先の大戦の歴史認識の見直しも、宗教家として、鎮魂《ちんこん》の願いもかねて、「粛々《しゅくしゅく》」とやり続けるつもりだ。他《ほか》の誰にもできない仕事こそ、私の仕事である。

今週末には、沖縄での講演会も予定している。牛島中将の無念の一端《いったん》なりともはらしたいと思っている。そして、私自身も、沖縄県民を心から愛していると伝えたいと強く願っている。

二〇一五年　四月十二日

幸福《こうふく》の科学《かがく》グループ創始者兼総裁《そうししゃけんそうさい》　大川隆法《おおかわりゅうほう》

『沖縄戦の司令官・牛島満中将の霊言』大川隆法著作関連書籍

『沖縄の論理は正しいのか？
　――翁長《おなが》知事へのスピリチュアル・インタビュー――』（幸福の科学出版刊）
『パラオ諸島ペリリュー島守備隊長　中川州男《くにお》大佐の霊言』（同右）
『天に誓って「南京大虐殺」はあったのか
　――『ザ・レイプ・オブ・南京』著者アイリス・チャンの霊言――』（同右）
『従軍慰安婦問題と南京大虐殺は本当か？
　――左翼の源流 vs. E.ケイシー・リーディング――』（同右）
『南京大虐殺と従軍慰安婦は本当か
　――南京攻略の司令官・松井石根《いわね》大将の霊言――』（同右）
『竜宮界の秘密――豊玉姫が語る古代神話の真実――』（同右）

『温家宝守護霊が語る　大中華帝国の野望
　　――同時収録　金正恩守護霊インタヴュー――』（幸福実現党刊）
※左記は書店では取り扱っておりません。最寄りの精舎・支部・拠点までお問い合わせください。
『大川隆法政治講演集２００９　第４巻　志を崩さない』（幸福実現党刊）

沖縄戦《おきなわせん》の司令官《しれいかん》・牛島満中将《うしじまみつるちゅうじょう》の霊言《れいげん》

――戦後七十年 壮絶なる戦いの真実――

2015年4月13日　初版第1刷

著　者　　大《おお》　川《かわ》　隆《りゅう》　法《ほう》

発行所　　幸福の科学出版株式会社

〒107-0052 東京都港区赤坂2丁目10番14号

TEL(03)5573-7700

http://www.irhpress.co.jp/

印刷・製本　株式会社 東京研文社

落丁・乱丁本はおとりかえいたします

ISBN978-4-86395-669-8 C0030

写真：近現代PL アフロ ／ 時事

大川隆法霊言シリーズ・沖縄・台湾・中国の未来

沖縄の論理は正しいのか？
──翁長《おなが》知事へのスピリチュアル・インタビュー──

基地移設問題の渦中にある、翁長知事の本心が明らかに。その驚愕の「沖縄観」とは!? 「地方自治」を問い直し、日本の未来を指し示す一書。

1,400円

台湾と沖縄に未来はあるか?
守護霊インタヴュー
馬英九台湾総統 vs. 仲井眞弘多沖縄県知事

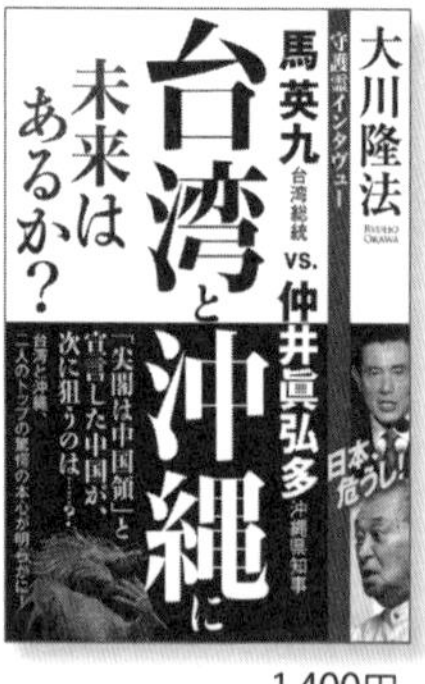

経済から中国に侵食される「台湾」。歴史から中国に洗脳される「沖縄」。トップの本音から見えてきた、予断を許さぬアジア危機の実態とは!?
【幸福実現党刊】

1,400円

中国と習近平に未来はあるか
反日デモの謎を解く

「反日デモ」も、「反原発・沖縄基地問題」も中国が仕組んだ日本占領への布石だった。緊迫する日中関係の未来を習近平氏守護霊に問う。
【幸福実現党刊】

1,400円

※表示価格は本体価格(税別)です。

大川隆法 霊言シリーズ・日本のあるべき姿を語る

今上天皇・元首の本心 守護霊メッセージ

竹島、尖閣の領土問題から、先の大戦と歴史認識問題、そして、民主党政権等について、天皇陛下の守護霊が自らの考えを語られる。

1,600円

明治天皇・昭和天皇の霊言

日本国民への憂国のメッセージ

両天皇は、今の日本をどのように見ておられるのか？ 日本において〝タブー〟とされている皇室論についても、率直な意見が語られる。

1,000円

神武天皇は実在した

初代天皇が語る日本建国の真実

神武天皇の実像と、日本文明のルーツが明らかになる。現代日本人に、自国の誇りを取り戻させるための「激励のメッセージ」！

1,400円

大川隆法霊言シリーズ・外交・国防への指針を示す

秋山真之の日本防衛論

同時収録 乃木希典・北一輝の霊言

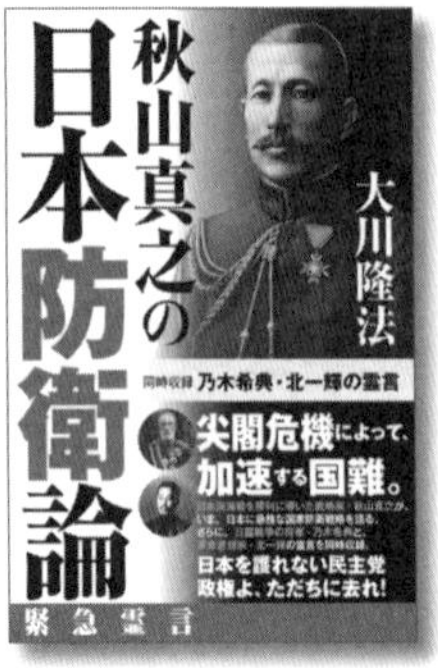

日本海海戦を勝利に導いた天才戦略家・秋山真之が、国家防衛戦略を語る。さらに、日露戦争の将軍・乃木希典と、革命思想家・北一輝の霊言を同時収録!【幸福実現党刊】

1,400円

保守の正義とは何か

公開霊言
天御中主神・昭和天皇・東郷平八郎

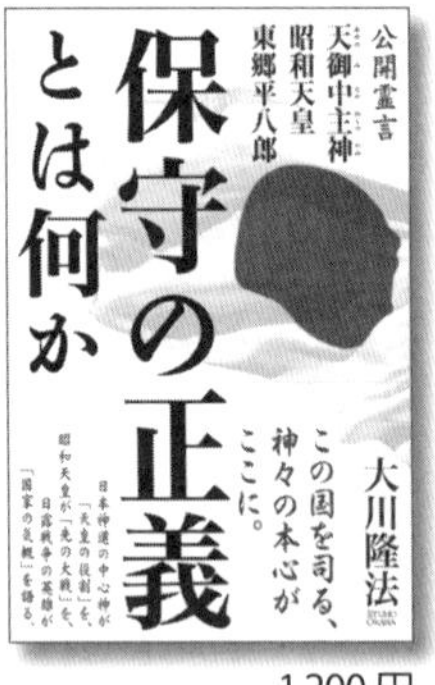

日本神道の中心神が「天皇の役割」を、昭和天皇が「先の大戦」を、日露戦争の英雄が「国家の気概」を語る。

1,200 円

日本《やまと》武尊《たけるのみこと》の国防原論

緊迫するアジア有事に備えよ

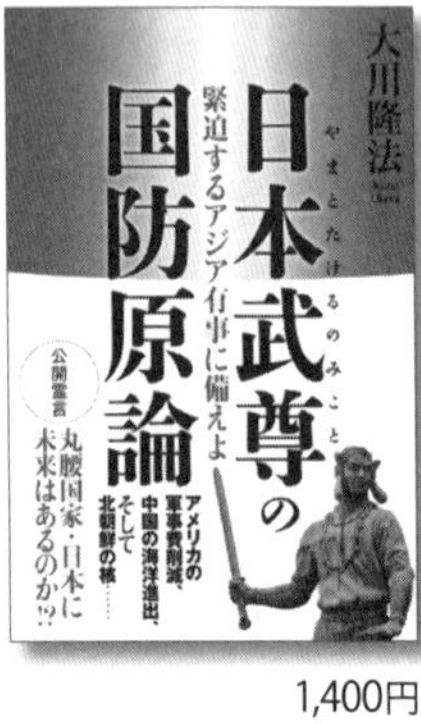

アメリカの衰退、日本を狙う中国、北朝鮮の核――。緊迫するアジア情勢に対し、日本武尊が、日本を守り抜く「必勝戦略」を語る。

【幸福実現党刊】

1,400円

※表示価格は本体価格(税別)です。

最新刊

景気をよくする人気女優 綾瀬はるかの成功術

自然体で愛される――。綾瀬はるかの「天然」の奥にあるものを、スピリチュアル・インタビュー。芸能界には「宇宙のパワー」が流れている？

1,400円

女優・北川景子 人気の秘密

「知的オーラ」「一日9 食でも太らない」など、美人女優・北川景子の秘密に迫る。そのスピリチュアルな人生観も明らかに。過去世は、日本が誇る絶世の美女!？

1,400円

大川咲也加の文学のすすめ ～日本文学編～

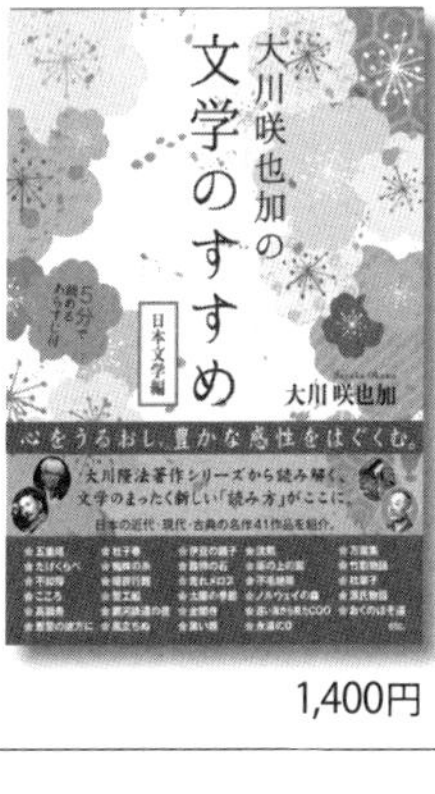

大川咲也加　著

大川隆法著作シリーズの「視点」から、「日本文学」の魅力を再発見！心をうるおす、他にはない「文学入門」。名作41作品のあらすじ付き。

1,400円

幸福の科学出版

大川隆法 製作総指揮
長編アニメーション映画
UFO学園の秘密
The Laws of The Universe Part 0
信じるから、届くんだ。
STORY
ナスカ学園のクラスメイト５人組は、文化祭で発表する研究テーマに取り組んでいた。そんなある日、奇妙な事件に巻き込まれる。その事件の裏には「宇宙人」が関係しており、そこに隠された「秘密」も次第に明らかになって……。超最先端のリアル宇宙人情報満載！ 人類未確認エンターテイメント、ついに解禁！
監督／今掛勇　脚本／「UFO学園の秘密」シナリオプロジェクト
音楽／水澤有一　アニメーション制作／HS PICTURES STUDIO
10月10日、全国一斉ロードショー！
Hi!!!
UFO後進国日本の目を覚まそう!
UFO学園 検索

幸福の科学グループのご案内

宗教、教育、政治、出版などの活動を通じて、地球的ユートピアの実現を目指しています。

宗教法人　幸福の科学

一九八六年に立宗。一九九一年に宗教法人格を取得。信仰の対象は、地球系霊団の最高大霊、主エル・カンターレ。世界百カ国以上の国々に信者を持ち、全人類救済という尊い使命のもと、信者は、「愛」と「悟り」と「ユートピア建設」の教えの実践、伝道に励んでいます。

（二〇一五年四月現在）

愛

幸福の科学の「愛」とは、与える愛です。これは、仏教の慈悲《じひ》や布施《ふせ》の精神と同じことです。信者は、仏法真理をお伝えすることを通して、多くの方に幸福な人生を送っていただくための活動に励んでいます。

悟り

「悟り」とは、自らが仏の子であることを知るということです。教学《きょうがく》や精神統一によって心を磨き、智慧《ちえ》を得て悩みを解決すると共に、天使・菩薩《ぼさつ》の境地を目指し、より多くの人を救える力を身につけていきます。

ユートピア建設

私たち人間は、地上に理想世界を建設するという尊い使命を持って生まれてきています。社会の悪を押しとどめ、善を推し進めるために、信者はさまざまな活動に積極的に参加しています。

海外支援・災害支援

国内外の世界で貧困や災害、心の病で苦しんでいる人々に対しては、現地メンバーや支援団体と連携して、物心両面にわたり、あらゆる手段で手を差し伸べています。

自殺を減らそうキャンペーン

年間約３万人の自殺者を減らすため、全国各地で街頭キャンペーンを展開しています。

公式サイト **www.withyou-hs.net**

ヘレンの会

ヘレン・ケラーを理想として活動する、ハンディキャップを持つ方とボランティアの会です。視聴覚障害者、肢体不自由な方々に仏法真理を学んでいただくための、さまざまなサポートをしています。

公式サイト **www.helen-hs.net**

学部のご案内

人間幸福学部

人間学を学び、新時代を切り拓くリーダーとなる

人間の本質と真実の幸福について深く探究し、
高い語学力や国際教養を身につけ、人類の幸福に貢献する
新時代のリーダーを目指します。

経営成功学部

企業や国家の繁栄を実現し、未来を創造する人材となる

企業と社会を繁栄に導くビジネスリーダー・真理経営者や、
国家と世界の発展に貢献し
未来を創造する人材を輩出します。

未来産業学部

新文明の源流を創造するチャレンジャーとなる

未来産業の基礎となる理系科目を幅広く修得し、
新たな産業を起こす創造力と企業家精神を磨き、
未来文明の源流を開拓します。

校舎棟の正面

学生寮

体育館

住所 〒299-4325 千葉県長生郡長生村一松丙 4427-1
TEL.0475-32-7770

教育

学校法人 幸福の科学学園

学校法人 幸福の科学学園は、幸福の科学の教育理念のもとにつくられた教育機関です。人間にとって最も大切な宗教教育の導入を通じて精神性を高めながら、ユートピア建設に貢献する人材輩出を目指しています。

幸福の科学学園

中学校・高等学校（那須本校）
2010年4月開校・栃木県那須郡（男女共学・全寮制）
TEL **0287-75-7777**
公式サイト **happy-science.ac.jp**

関西中学校・高等学校（関西校）
2013年4月開校・滋賀県大津市（男女共学・寮及び通学）
TEL **077-573-7774**
公式サイト **kansai.happy-science.ac.jp**

ハッピー・サイエンス・ユニバーシティ（HSU）
TEL **0475-32-7770**

仏法真理塾「サクセスNo.1」 TEL **03-5750-0747**（東京本校）
小・中・高校生が、信仰教育を基礎にしながら、「勉強も『心の修行』」と考えて学んでいます。

不登校児支援スクール「ネバー・マインド」 TEL **03-5750-1741**
心の面からのアプローチを重視して、不登校の子供たちを支援しています。
また、障害児支援の**「ユー・アー・エンゼル！」運動**も行っています。

エンゼルプランV TEL **03-5750-0757**
幼少時からの心の教育を大切にして、信仰をベースにした幼児教育を行っています。

シニア・プラン21 TEL **03-6384-0778**
希望に満ちた生涯現役人生のために、年齢を問わず、多くの方が学んでいます。

NPO 活動支援

学校からのいじめ追放を目指し、さまざまな社会提言をしています。また、各地でのシンポジウムや学校への啓発ポスター掲示等に取り組む一般財団法人「いじめから子供を守ろうネットワーク」を支援しています。

ブログ **blog.mamoro.org**
公式サイト **mamoro.org**
相談窓口 **TEL.03-5719-2170**

政治

幸福実現党

内《ない》憂《ゆう》外《がい》患《かん》の国難に立ち向かうべく、二〇〇九年五月に幸福実現党を立党しました。創立者である大川隆法党総裁の精神的指導のもと、宗教だけでは解決できない問題に取り組み、幸福を具体化するための力になっています。

党員の機関紙
「幸福実現NEWS」

TEL 03-6441-0754
公式サイト hr-party.jp

出版 メディア 事業

幸福の科学出版

大川隆法総裁の仏法真理の書を中心に、ビジネス、自己啓発、小説など、さまざまなジャンルの書籍・雑誌を出版しています。他にも、映画事業、文学・学術発展のための振興事業、テレビ・ラジオ番組の提供など、幸福の科学文化を広げる事業を行っています。

アー・ユー・ハッピー？
are-you-happy.com

ザ・リバティ
the-liberty.com

幸福の科学出版
TEL 03-5573-7700
公式サイト irhpress.co.jp

THE FACT

ザ・ファクト
マスコミが報道しない
「事実」を世界に伝える
ネット・オピニオン番組

Youtubeにて
随時好評配信中！

ザ・ファクト　検索

入会のご案内

あなたも、幸福の科学に集い、ほんとうの幸福を見つけてみませんか？

幸福の科学では、大川隆法総裁が説く仏法真理をもとに、
「どうすれば幸福になれるのか、また、
他の人を幸福にできるのか」を学び、実践しています。

入会

大川隆法総裁の教えを信じ、学ぼうとする方なら、どなたでも入会できます。入会された方には、『入会版「正心法語」』が授与されます。（入会の奉納は1,000円目安です）

ネットでも**入会**できます。詳しくは、下記URLへ。
happy-science.jp/joinus

三帰《さんき》誓願《せいがん》

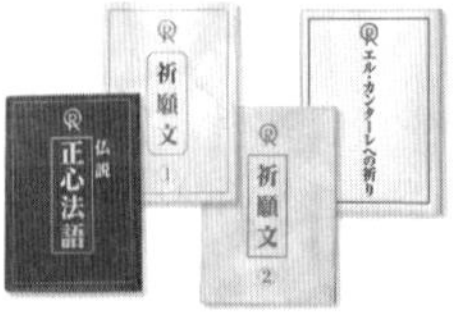

仏弟子としてさらに信仰を深めたい方は、仏・法・僧の三宝への帰依を誓う「三帰誓願式」を受けることができます。三帰誓願者には、『仏説・正心法語』『祈願文①』『祈願文②』『エル・カンターレへの祈り』が授与されます。

植福《しょくふく》の会

植福は、ユートピア建設のために、自分の富を差し出す尊い布施の行為です。布施の機会として、毎月1口1,000円からお申込みいただける、「植福の会」がございます。

「植福の会」に参加された方のうちご希望の方には、幸福の科学の小冊子（毎月1回）をお送りいたします。詳しくは、下記の電話番号までお問い合わせください。

月刊
「幸福の科学」

ザ・伝道

ヤング・ブッダ

ヘルメス・エンゼルズ

INFORMATION
幸福の科学サービスセンター
TEL. 03-5793-1727（受付時間 火〜金：10〜20時／土・日・祝日：10〜18時）
宗教法人 幸福の科学 公式サイト **happy-science.jp**